名师名校名校长

凝聚名师共识
回应名师关怀
打造名师品牌
培育名师群体

悦于读，精于思

——高中英语

"4I"阅读教学模式探索

孙志英　著

西安出版社

图书在版编目（CIP）数据

悦于读，精于思：高中英语"4I"阅读教学模式探
索 / 孙志英著. -- 西安：西安出版社，2024. 8.

ISBN 978-7-5541-7760-0

Ⅰ. G633.412

中国国家版本馆CIP数据核字第2024SF0322号

悦于读，精于思：高中英语"4I"阅读教学模式探索
YUE YU DU JING YU SI GAOZHONG YINGYU 4I YUEDU JIAOXUE MOSHI TANSUO

出版发行：西安出版社

社　　址：西安市曲江新区雁南五路 1868 号影视演艺大厦 11 层

电　　话：（029）85264440

邮政编码：710061

印　　刷：北京政采印刷服务有限公司

开　　本：787mm×1092mm　1 / 16

印　　张：14.75

字　　数：257千字

版　　次：2025 年 3 月第 1 版

印　　次：2025 年 3 月第 1 次印刷

书　　号：ISBN 978-7-5541-7760-0

定　　价：58.00 元

追逐梦想　矢志教坛

自1995年大学毕业后，我便踏上了教育征程，如今已有三十载。我怀揣着对教育事业的深深热爱，以及对那三尺讲台的无限眷恋，梦想着成为一位富有爱心、智慧和责任心的教师。在这条既艰辛又漫长的育人道路上，我始终坚定不移、默默奉献。历经了无数个挑灯夜战的晚上，我一步一个脚印地探索前行，逐渐从一位稚嫩且思想尚不成熟的新教师，成长为一位成熟稳重、从容自信的教育者。

在这条风雨兼程的道路上，我付出了辛勤的汗水，收获了欢笑与泪水，也摘取了丰硕的果实。学生们深情的感谢和家长们会心的微笑，是我得到的最美好、最幸福的回报。而获得的泉州市教坛新秀、泉州市骨干教师、泉州市学科带头人、福建省优秀评卷员、泉州市首届教学名师、泉州市三八红旗手、福建省三八红旗手等荣誉，更是对我多年付出的肯定与鼓励。

回顾这三十年的教育生涯，我将自己的专业成长划分为三个阶段：在课堂实践中提升教学能力，通过学习教育理论升华教学思维，以及在名师的引领下形成独特的教学风格。

一、深耕课堂，锤炼实践技艺

课堂，对教师而言，是展现自我价值的舞台。我清晰地记得，刚参加工作的第二天，校长便来听我的课。那时的我，由于缺乏充分的准备，在慌乱与自责中完成了那堂课。课后，校长语重心长地对我说："课堂如同战场，绝不能打无准备之仗。"这句话深深地烙印在我的心中。

从那时起，我决心为每一堂课做好精心的准备。为了备好课，我深入研究教材，广泛阅读资料，并虚心向经验丰富的老教师请教。我抓住一切机会，走进他们的课堂，聆听、学习并汲取智慧。每一次听课，都是一个困惑的顿悟；每一次交流，都是一次思维的碰撞。此外，我还积极参与各年级、各学校乃至不同科目的课堂教学观摩，每次观摩后的评课都让我受益匪浅。

为了准备第一次的校级公开课，我提前一个月开始准备。在备课组老师们的悉心指导下，我反复推敲打磨教学方案，每一个环节、每一个问题的设计都力求精益求精。那段时间，无论是吃饭、走路，甚至是梦中，脑海里都在模拟上课的情景。正是得益于前辈们的慷慨相助和我个人的不懈努力，我在那次公开课上赢得了热烈的掌声，也收获了满满的自信。

随着自信心的增强，我对课堂教学方法的运用逐渐变得娴熟起来。我开始更多地关注学生的兴趣和动机，而不仅仅关注教材和教法，从而不断提高课堂教学的实效性。我时常思考如何让自己的课堂更受学生欢迎，如何有效落实知识点，如何突破重难点，以及如何提高学生学习英语的兴趣和成绩。我尝试运用多种课堂教学模式，如自主学习、合作学习、小组讨论和个性展示等。经过几年的探索和实践，我逐渐形成了激励式、简约而愉悦的教学风格，这种风格深受学生的喜爱，也使他们的学习兴趣日益浓厚，学习成绩显著提升。与此同时，我也迎来了教学生涯的第一个高峰。1998年，我的公开课被评为市级优质课；2003年，我被评为泉州市骨干教师；2004年，我在说课比赛中荣获泉州市一等奖；2005年，我荣获泉州市教坛新秀称号。这一阶段的专业成长，离不开我主动求知的教学热情和同行们的无私帮助。从他们身上，我不仅学会了如何成为一名严谨、认真的教师，更深深地爱上了这个平凡而崇高的职业。

二、加强学习，提升理论素养

随着对学校和课堂的熟悉，以及教学方法运用的日益娴熟，我开始思考如何保持教育的热情并避免职业倦怠。恰逢其时，教育部于2003年颁布了《普通高中英语课程标准（实验）》，新一轮课程改革应运而生。在这场改革的新浪潮中，我有幸参加了泉州市学科带头人的培训项目。在泉州师范继续教育学院的安排下，我参加了三十多场内容丰富实用的讲座，培训地点从泉州师范学院延伸到上海师范大学和东北师范大学，历时两年之久。

讲座内容涵盖了诸多方面，如谢利民教授的"常规教学设计与教师教学能力发展"、徐继存教授的"教学文化与教师个性教学"等。专家们分享了他们对教育教学理论、课堂实践策略以及教育科研方法的研究成果。这些反映时代要求的新教育理论极大地冲击了我的思维，推动了我的思考。这次培训不仅是一次知识的更新，更是一次思想的升华。

通过这一系列培训，我逐渐意识到教育理论学习的重要性。一个优秀的教师如果没有先进的理论来充实自己，就无法更新教学理念、改进教学模式。因此，我开始厘清思路并找到了新的成长之路——自我反思。在反思中，我结合理论学习来不断提升自身的综合素质。正如美国心理学家波斯纳所提出的教师成长公式：教师的成长=经验+反思。我深受这一理念的启发，并将其付诸实践。

在接下来的每一节课前，我都会深入思考：这堂课要教授什么内容？采用何种教学方法？为何选择这样的教学方式？每上完一节课后，我都会在教学日记中记录自己的反思，包括学生的反应、课程的设计、教学过程以及得失总结。基于这些教学日记的积累，我开始尝试撰写教学论文，并着手进行一些初步的课题研究。在这一阶段，我成功开设了3个市级示范课、2个市级讲座，并撰写了3篇教学反思。此外，我还撰写了8篇高质量的教学论文（CN级别），其中1篇荣获全国基础教育二等奖，另有1篇获得市级二等奖。这些成果不仅见证了我的专业成长，也激励着我在未来的教育道路上继续前行。

三、追求卓越，科研之路不止步

在不断的实践和反思中，我逐渐找到了教育教学的真谛。然而，在取得一些成绩后，我曾感到迷茫，不知未来的发展方向在何方。幸运的是，经过泉州市教育局的严格评审，我成为泉州市首届教学名师培养对象，自2013年6月起，便踏上了新的研修学习之旅。

这次研修丰富多彩，理论与实践相结合，让我收获颇丰。除了聆听专家讲座，我还参与了跟岗研修、名校考察学习，并完成了读书笔记、论文撰写和课题研究等任务。

在泉州师范学院、陕西师范大学和清华大学举办的讲座中，我领略了诸位专家的教育思想、教育理念、科研方法和敬业精神。他们的智慧与激情深深地感染了我，让我明白教师要将研究视为通往幸福的道路、成长的阶梯。教学与研究相辅相成，是名师成长的必经之路。

名校考察期间，我参观了西安中学、曲江一中等学校，更有幸走进清华大学，感受其"行胜于言"的校风和"厚德载物、自强不息"的校训。在清华大学高级研修班中，我领悟到"跳出教育看教育，回归教育求高度"的全新教育理念，从而站在更高的视角审视教育发展。

跟岗研修期间，我的理论导师兰春寿博士和实践导师姚瑞兰老师给予我莫大的帮助。他们推荐的书籍丰富了我的教育教学理论素养，提升了我的教学科研能力。在两位导师的悉心指导下，我的科研水平更上一层楼。2014年，我成功申请了福建省基础教育课程教学研究课题，并被列为福建省重点课题。同时，我还参与了其他多项课题研究，不断挖掘教育教学的深度与广度。

在这段旅程中，我的教学方法和科研能力有了提升，教学理念上也有了质的飞跃。我逐渐形成了个人独特的教学风格，在追逐梦想的道路上迈出了坚实的步伐。同时，我有幸被聘为"泉州师范学院继续教育学院兼职教授"，获得泉州市三八红旗手荣誉称号，并在两年后获得福建省三八红旗手等荣誉。这些荣誉和成就不仅是对我过去努力的肯定，更是对我未来发展的鞭策和鼓励。

作为一名教师，我始终恪守师德与责任，坚守"与教育同呼吸、与学生共成长"的理念。我将以追求卓越、超越自我为目标，孜孜不倦地努力奋斗在教育教学的道路上。三十年的风风雨雨，我从未停止对教坛梦想的追求。在未来的日子里，我将继续努力前行，倾听学生成长的声音，共同托起明天的太阳，绽放属于自己的教育之花。

最后，我想谈一谈《悦于读，精于思——高中英语"4I"阅读教学模式探索》这本书的编写初衷和一些对于高中英语阅读教学的思考。

高中阶段是学生英语能力提升的关键时期，而阅读作为语言学习的核心部分，其教学方法的创新与改进对于提高学生的英语综合应用能力具有重要意义。传统的阅读教学模式往往侧重于语言知识的传授，而忽视了学生思维能力、文化素养和批判性思维的培养。因此，探索一种新的阅读教学模式，以适应新时代教育的要求，是当前教育改革的迫切需求。

基于现代教育学、心理学和语言学的研究成果提出的"4I"阅读教学模式，旨在通过四个阶段的系统教学，全面提升学生的英语阅读能力。Initiation

阶段强调激发学生的阅读兴趣，通过文学作品的引入，让学生感受英语语言的魅力；Imbibition阶段注重读思结合，引导学生在阅读过程中进行深入思考，培养批判性思维；Internalization阶段通过读演结合，使学生在实践中内化阅读材料，提高语言运用能力；Illumination阶段则通过评价优化，帮助学生形成自我反思的习惯，促进阅读技能的持续提升。

我个人认为全面探究并实施"4I"阅读教学模式有如下几点实践价值：

（1）提高学生英语阅读兴趣：Initiation阶段通过引入文学阅读，使学生在享受阅读乐趣的同时，增强对英语的兴趣和学习动力。

（2）培养批判性思维：Imbibition阶段的读思结合教学，鼓励学生在阅读中提问、分析和评价，从而培养批判性思维。

（3）提升语言运用能力：Internalization阶段的读演结合，使学生在模拟情景中运用所学语言，提高实际交流能力。

（4）促进自我反思与持续进步：Illumination阶段的评价优化，帮助学生形成自我评价和反思的习惯，为终身学习打下基础。

（5）适应教育改革需求："4I"模式的实践，符合当前教育改革的趋势，强调学生主体性，推动教育从知识传授向能力培养转变。

（6）促进教师教学方法的创新："4I"模式要求教师不断更新教学理念，创新教学方法，以适应学生个性化学习需求。

（7）推动教育公平：通过"4I"模式的实施，让不同背景的学生都能在阅读教学中找到适合自己的学习路径，实现教育公平。

（8）促进跨文化交流：在阅读教学中融入多元文化元素，有助于学生理解和尊重不同文化，培养国际视野。

《悦于读，精于思——高中英语"4I"阅读教学模式探索》这本书通过系统的理论探索和实践研究，为高中英语阅读教学提供一种值得尝试的创新模式。这种模式不仅能够提高学生的英语阅读能力，还能在更广泛的层面上促进学生综合素质的提升，为学生的未来学习和成长奠定坚实的基础。通过不断的实践和优化，期待"4I"阅读教学模式能够成为推动高中英语教学改革的重要力量。

C目录
ONTENTS

绪　论

一、问题的提出

（一）问题提出的背景和意义

近些年来，无论从国家政策层面，还是从教育改革目前发展的趋势上，抑或是从其他国家的同行中，我们都看到了"阅读"对于每一个人，尤其是儿童和青少年的重要性。《国家中长期教育改革和发展规划纲要（2010—2020年）》明确提出，"坚持以人为本、全面实施素质教育"。2018年教育部颁布了《普通高中英语课程标准（2017年版）》，它由学科关键能力和学生必备品格两个方面构成。在新的学科目标的要求下，英语阅读对于提升学生的核心素养，特别是语言能力、文化品格、思维品质以及学习能力这几个方面将会起到关键的作用。所以，在学科核心素养提出的背景下，英语阅读素养的培养与发展必将引起高度关注（王蔷，2017）。鉴于高中英语教师对学生阅读习惯培养意识淡薄、阅读思维培养重视度不够高、以语言能力培养为主、教学评价体系不够完善等问题，我们亟须探索一种易实践、可复制、可推广的阅读教学模式。本团队历经10年创新与实践，从教师—学生—课堂三方面入手，探索"4I"一体的高中英语阅读教学模式，突破当前阅读教学的瓶颈，培养学生的思维能力、创新意识和实践能力，着力于打造有助于学生个体全面发展的教学模式，实现学科育人的目标。

（二）解决的主要问题

第一阶段是Initiation，即"文学阅读阶段"（2014—2015年）。部分教师对于学生"阅读习惯"的培养意识略显淡薄。他们侧重于对学生语言技能的锤炼，却未能充分挖掘英语文学阅读的深层价值，从而忽略了对学生深度阅读习惯的全面培养。英语文学不仅是语言的艺术，更是文化的载体，它对于学生文化意识的培养具有不可估量的价值。通过阅读英语文学，学生可以更深入地了解西方文化与思想，拓宽国际视野，提升跨文化交流能力。

因此，本阶段解决的主要问题是如何引导教师更加重视阅读在提升学生综合素养中的关键作用。

第二阶段是Imbibition，即"读思结合阶段"（2015—2018年）。部分教师在阅读教学中对于学生"阅读思维"的培养意识尚显不足。他们主要聚焦于教材内容的解读与语言技能的训练，却忽视了对学生逻辑思维、批判性思维以及创新思维等思维能力的全面培养。阅读不仅是理解文字的过程，更是通过理解、分析、比较、推断、评价等活动提升思维的重要方式。通过深入阅读和思考，学生可以提升逻辑思维能力，学会条理清晰地分析问题；可以培养批判性思维，学会独立思考、判断和评价文本信息；还可以激发创新思维，从不同角度解读文本，提出新颖见解。

因此，本阶段解决的主要问题是如何引导教师在阅读教学中更加注重学生思维品质的全面发展，以助力学生成为具有深度思考能力的读者。

第三阶段是Internalization，即"读演结合阶段"（2018—2022年）。部分英语教师对于"英语学科核心素养"的理解和应用意识仍然不足，以语言能力培养为主，忽视了对学生文化意识、思维品质以及学习能力的综合培养，对语言的育人功能开发不充分。在这一新阶段，本团队尝试以英语教育戏剧作为一种创新的教学方式，在阅读教学中展现出其独特的价值。英语教育戏剧不仅为学生提供了一个展示自我、锻炼语言表达能力的平台，更重要的是，它能够通过角色扮演、情景模拟等多样化的教学方式，让学生在亲身体验中深入理解文本，感受人物情感，培养同理心与批判性思维。在这样的教学模式下，语言不仅是交流的工具，更是文化与思想的载体，是连接学生与文本、学生与世界的桥梁。

因此，本阶段解决的主要问题是如何引领教师更新教育观念，积极探索英语教育戏剧等创新教学方式，在高中英语阅读教学中充分发挥语言的育人功能，以全面提升学生的英语学科核心素养。

第四阶段是Illumination，即"评价优化阶段"（2022年起）。在这一阶段，我们深刻认识到，当前的教学评价体系仍有待进一步完善。特别是在融入英语教育戏剧、落实英语学科核心素养以及培养学生思维品质等方面的考量上，我们的评价维度和具体指标的明确性亟须增强。这种不足导致我们无法全面、准确地评估学生的进步与成长，进而影响了课堂育人的最终效果。

为了更全面地评价学生的英语学科核心素养，我们需要将评价维度扩展到包括逻辑思维、批判性思维和创新思维在内的多个层面。同时，考虑到英语教育戏剧在教学中的独特作用，我们也应将学生在戏剧表演中展现的语言应用、情感表达、团队协作等能力纳入评价体系。

因此，本阶段解决的主要问题是如何通过确定Initiation（读）、Imbibition（思）、Internalization（写&演）、Illumination（悟）四个不同维度的各项评价指标，从而确保评价维度的全面性和准确性，更科学地衡量学生的全面发展，进一步提升课堂的育人效果。

二、解决问题的过程与方法

（一）问题导向　依托课题　构建模式

第一阶段：Initiation——"文学阅读阶段"

省级课题"构建以文学为依托的思维模式"（2014年8月—2016年11月）

2014年起，基于北师大版教材中的Literature Spot等多种材料，我们致力于培养学生的阅读能力，并通过理论和实践，深化对教材及英文原著简写本等的理解，推动教学观转变。同时，我们以思维型课堂教学理论为指导，结合英语学科特点，探索英语阅读思维型课堂的特征、原则等，引领学生深层次理解文本。我们还以北师大版教材中的Literature Spot为载体，引导学生读英文原著简写本及英文报刊，并组织课堂互动，以激发学生的创新思维，提升他们的跨文化交际能力。同时，我们积极研读相关论文，编写《高中英语文学导读》。

团队立足"4I"阅读教学模式的"读"部分，强调发挥文学阅读的作用，落实文化教育平台的构建，促进学习者（包括教师）在接触文学作品中感受不同民族文化和思维的差异性，学会理解和尊重异国文化，增强本民族文化的自觉性，从根本意义上实现英语文化思维意识的培养目标，同时使教师的阅读素养与教学能力得到进一步的提高，专业也得到更好的发展。

文本细品 ➡ 阅读深化 ➡ 心灵共鸣 ➡ 迁移应用

第二阶段：Imbibition——"读思结合阶段"

省级课题"高中英语阅读思维型教学模式研究"（2015年8月—2017年8月）

我国高中英语教育一直偏重对学生语言技能的训练，过分强调模仿记忆，却忽视了学生思维能力、创新能力、分析问题和独立提出见解能力的培养。

2015年起，本团队进行"高中英语阅读思维型教学模式研究"课题研究，把思维型课堂教学理论引入英语阅读教学。在第一阶段的经典文学阅读的基础上，增加英语报刊阅读、时文阅读，着重于"4I"阅读教学模式中的"思"，论证具有系统性地体现学习者思维发展特点的"思维型"英语阅读教学内容设计，构建具有学科特色的英语阅读思维型课堂教学模式。

创设情境
自主导入 ➡ 开发问题
促进思考 ➡ 搭建平台
延伸认知 ➡ 自主学习
探究思考

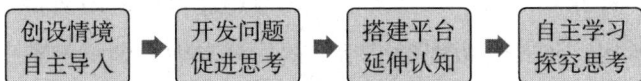

第三阶段：Internalization——"读演结合阶段"

省级课题"核心素养导向下的中学英语有效教学课堂文化构建研究"（2018年8月—2020年2月）

省级课题"核心素养背景下，基于经典作品深度阅读的中学英语戏剧表演教学实践研究"（2019年9月—2021年12月）

2018年起，本团队立足于《普通高中英语课程标准（2017年版）》中"核心素养"概念，开展"核心素养导向下的中学英语有效教学课堂文化构建研究"。通过在中学阶段的英语教学实践中对构建中学英语有效教学课堂文化的探索，研究如何提高中学英语课堂的有效性，促进中学生英语核心素养的提升，促使学生在情境丰富的英语课堂上提高语言能力；在富有文化内涵的课堂上提高对东西方文化的认知水平，形成优秀的文化品格；在互动合作、民主平等的课堂文化中，形成优秀的思维品质，提高学习能力。

2019年起，本团队开始开展核心素养背景下的经典作品深度阅读的中学英语戏剧表演教学实践研究，通过戏剧表演课内与课外相互促进、学习活动与实践活动相互促进，形成常态化、系统性的戏剧教育机制，通过引导学生深度阅读、读思写结合、编写剧本、体悟角色、精彩演绎，提高学生的外语表达能力和跨文化思辨能力。由于教育戏剧的表演性和自主创作等特点，学生能够从中更好地认识社会、感悟生活、表达情感、倾听别人，符合课程标准要求的"以学生为主体"和"寓教于乐"的教育思想。与传统的教育形式相比，教育戏剧可以给予学生更丰富的教育体验，锻炼其理论和生活实践能力，开发其创造力，真正让学科核心素养培养落地生根。

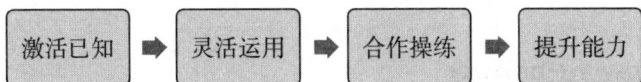

激活已知 ➡ 灵活运用 ➡ 合作操练 ➡ 提升能力

第四阶段：Illumination——"评价优化阶段"

省级课题"指向读后续写能力训练的整书阅读模式研究"（2021年4月—2023年4月）

在2014—2024年"4I"阅读教学模式构建过程中，团队将"评价"贯穿始终。2021年起，依托省级课题"指向读后续写能力训练的整书阅读模式研究"，将评价模式优化、整合，形成"读思演"阅读教学模式下的动态循环评价体系，提升"教—学—评"一体化的科学性、可操作性，促进学生核心素养提升。

（二）优化过程 多元评价 提高质量

经过2014—2024年的深入研究，本团队始终聚焦于"评价"这一关键环节，采用多元化、综合性的评价策略，力求准确反映教和学效果。我们强调将形成性评价与终结性评价相结合，全面捕捉学生学习过程中的阶段性进步和最终学习成果。同时，我们重视定量评价与定性评价的相互补充，既重视数据的客观性，又兼顾学生的情感、态度等非量化要素。本团队始终秉承"以评促学、以评促教"的理念，积极推动"教—学—评"一体化进程，确保评价贯穿于整个教学过程，为师生提供及时、有效的反馈与指导，从而促进教学质量的持续提升。

三、成果的主要内容

（一）主要成果

1. 构建高中英语"4I"阅读教学模式

在高中英语"4I"阅读教学模式中，Initiation（读）指学生获取信息的能力，包括对文本的理解、分析和评价；Imbibition（思）指学生思考和解决问题的能力，包括批判性思维、创新思维和问题解决能力等；Internalization（写&演）指学生表达和交流的能力，包括口头表达、书面表达和多媒体表达等；Illumination（评价）指对学生在戏剧表演中展现的语言应用、情感表达、团队协作等能力的评价。

在此教学模式的引领下，通过大量的教学实践，本团队构建了多种阅读课型，以提升学生的学科素养为目标，重视学生能力的培养，适应课程标准提出的要求。

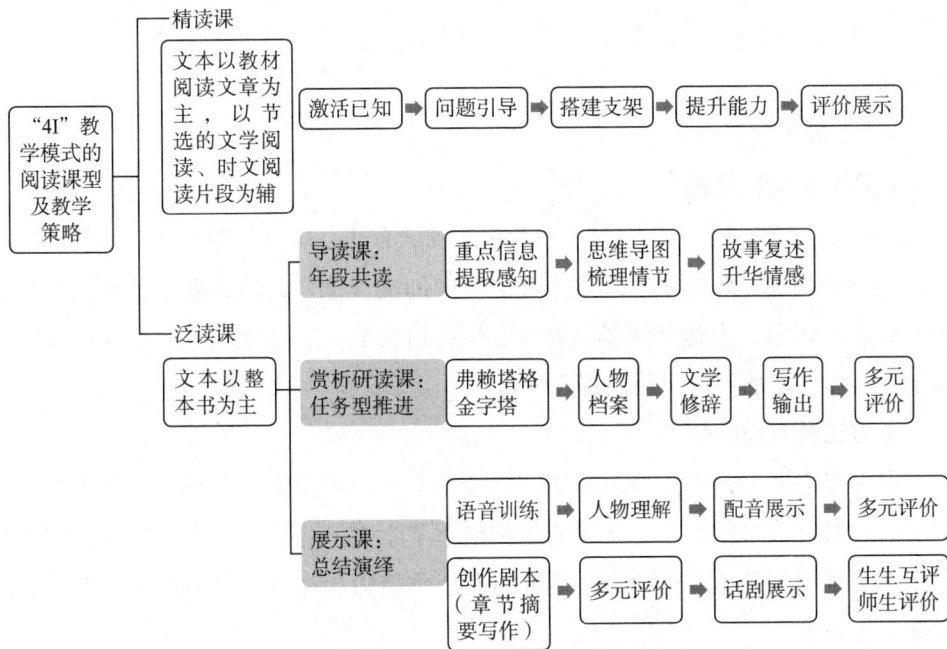

2. 构建"4I"教学模式下的评价体系

"读思演"教学模式下的评价体系是一种以学生为中心，Initiation（读）、Imbibition（思）、Internalization（写&演）、Illumination（评价）为核心的教学评价体系。本评价体系运用课堂教学评价表、学生学习效果评价表、作业评价表等评价工具，对Initiation、Imbibition、Internalization、Illumination四个方面进行综合评价，全面了解学生的学习情况和发展水平，同步推动教师教育教学技能的专业发展。

（1）课堂教学活动

在课堂教学活动中，教师根据"4I"阅读教学模式中教学评价体系的要求，设计多样化的教学活动和评价任务，引导学生积极参与学习过程，提高学习效果。同时，教师可以通过观察、提问、讨论等方式，及时了解学生的学习情况和问题，并给予针对性的指导和帮助。

（2）课外活动

除了课堂教学，"4I"阅读教学模式的评价体系还在课外活动中得到应用。例如，泉州五中及各辐射校组织了各种形式的辩论赛、写作比赛、配音比赛、戏剧比赛、演讲比赛等活动，让学生在实践中锻炼和提高英语综合能力。同时，建立了相应的评价机制，对学生的表现进行量化评价和反馈，促进学生不断进步。

（二）成果创新点

1. 模式具有独创性

"4I"阅读教学模式，作为一种新颖的教学方法，体现了课程标准所倡导的英语学习活动观，致力于实现学生在课堂中的主体地位，通过课堂的互动与交流、思考与探索、表达与演绎，提升学生的语言能力、文化品格、思维品质以及学习能力，实现英语学科的育人价值。

2. 方法具有前瞻性

研究成果所提出的教学方法紧密贴合高中英语新课程标准对学生素养的要求。通过对该成果的推广，不仅为教师指明了学生培养的具体方向和方法，还有助于提升学生的读写能力、应用能力和思维能力，使其更好地适应未来的学习和工作需求。

3. 效果具有外显性

通过对比研究前后的数据发现，学生的英语能力得到了显著提升。这主要体现在学业考试成绩的大幅提高，以及在各类竞赛中的优异表现。同时，教师的教学和研究能力也得到了快速提升，在业务技能竞赛中取得了显著成绩。

四、实践效果

高中英语"4I"阅读模式在教学应用过程中实践成果丰硕。课题实施中，教师专业技能、学生素养都得到大幅提升，体现了本模式在实践操作中的前瞻性、价值性和适用性。

（一）引领教师专业成长

本成果构建过程中立足教师专业素养的提升，系列成果推广应用活动促进新手教师向骨干教师发展，骨干教师向教学名师发展，缩短新手教师与骨干教师的差距，提高教师自我效能感，示范性强，辐射范围广。多人获评省、市级名优教师，共有7位教师获省、市级荣誉称号，30位教师获得高达42项省、市级以上优秀课例及个人技能奖项，发表于CN类刊物的论文共44篇。2013—2023年教师成长成果汇总见下图。

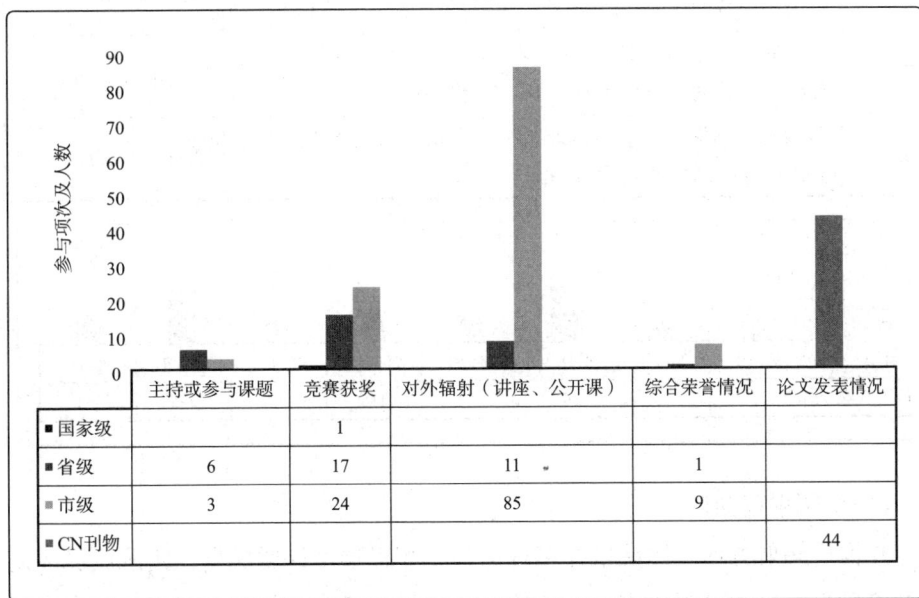

	主持或参与课题	竞赛获奖	对外辐射（讲座、公开课）	综合荣誉情况	论文发表情况
■国家级		1			
■省级	6	17	11	1	
■市级	3	24	85	9	
■CN刊物					44

（二）促进学生素养提升

"4I"阅读教学模式优化了阅读教与学的进程，提高了学生的阅读兴趣，拓宽了阅读资源，实现了阅读方式的多元化，实现从初始输入、深度解构，到内化演绎、领悟提升，促进学生自主发展、学业水平稳步提升。在近几年的新型教学模式探索推广中，泉州五中学子无论高考还是各种能力竞赛都成绩斐然。尤其是近两年英语成绩平均分和高分段人数在福建省都是遥遥领先。在各级各类英语竞赛活动中，泉州五中学子也取得了优异成绩。2016—2023年泉州五中高考英语单科高分（140分+）情况见下图。

年份	项目	获奖情况	举办单位
2017年	全国中学生英语能力竞赛	全国一等奖5人、二等奖14人、三等奖8人	全国基础教育外语教学研究中心
	"艾艾屋杯"泉州市中小学生"我讲海丝故事"英语电视大赛	全市一等奖4人、二等奖7人	泉州市教育局
2018年	第17届全国创新英语大赛	全国一等奖18人、二等奖23人、三等奖9人	《高校招生》杂志社
2020年	第三届中小学生"魅力海丝行"英语小导游网络公益活动	全市一等奖2名、二等奖1名	泉州市教育局
2021年	第四届中小学生"魅力海丝行"英语小导游网络公益活动	全市一等奖2名、二等奖1名、三等奖1名	泉州市教育局
2022年	第五届中小学生"魅力海丝行"英语小导游网络公益活动	全市一等奖2名、二等奖1名	泉州市教育局
2023年	第六届中小学生"魅力海丝行"英语小导游网络公益活动	全市一等奖2名、三等奖1名	泉州市教育局

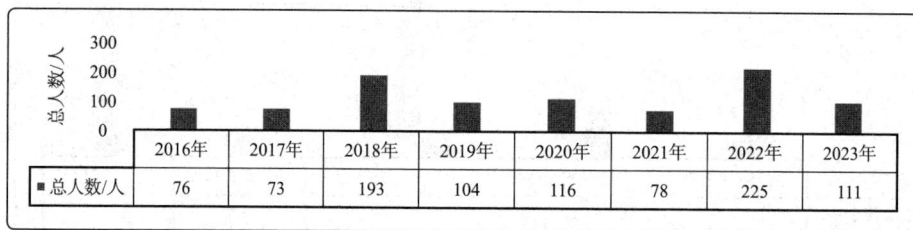

	2016年	2017年	2018年	2019年	2020年	2021年	2022年	2023年
总人数/人	76	73	193	104	116	78	225	111

（三）辐射范围广

在推广辐射方面，团队依托多种途径，积极推广课题成果。团队成员应邀在各级研训活动中开设讲座、示范课；在帮扶校活动上做现场课展示；参与港澳姊妹校教研交流活动；等等。

推广途径	省、市级研讨会/研修班		港澳台辐射	校际协作	高校辐射	线上辐射	
活动项目	省级研讨会等	市级研讨会等	香港东华三院吕润财纪念中学交流	送教帮扶校	泉州师范学院继续教育学院	福建省"空中课堂"	泉州市在线教育——"五中名师课堂"
活动途径	讲座	讲座	教研	公开课	出任副教授	讲座	课例直播、录播
场次	7	29	2	8	1	1	160

五、探索与反思

（1）由于"4I"阅读教学模式中涉及的"戏剧表演教学"研究目前仍处于探索期，因此，成果研究的诸多工作都具有开创性，可供学习、借鉴、参考的研究资料极少，也找不到丰厚的理念依据及专家支撑，研究难度较大。

（2）本成果应用的优秀案例虽通过省、市级公开课/讲座等活动展现，初具推广价值，但从各县区的教学课程开发和课例打造来看，作品水平仍存在着明显的城乡差异和沿海山区差异。成果组仍需进一步将研究的理论和实践成果推广到最需要的广大农村学校，扩大受益面。

（3）下个阶段的拟定研究、探索方向如下：

① 拟开展以高中"4I"阅读教学模式为主题的送教送研下乡活动；

② 拟继续举办高中"4I"阅读教学模式主题教研，继续选送优秀课例参加展示，再创佳绩，打造品牌；

③ 聘请国内知名专家，将成果研究继续向更高的平台牵引；

④ 拟进一步提高成果研究思路，探索构建具有学科育人价值的审辨式课堂。

参考文献

［1］中华人民共和国教育部.义务教育英语课程标准（2022年版）［M］.
北京：北京师范大学出版社，2022.

［2］王蔷，孙薇薇，蔡铭珂，等.指向深度学习的高中英语单元整体教学
设计［J］.外语教育研究前沿，2021，4（1）：17-25，87-88.

［3］李婴宁."教育性戏剧"在中国［J］.艺术评论，2013（9）：49-52.

第一章

Initiation 阶段：
文学阅读沐书香

第一节　阅读启动的策略

高中英语教学中阅读思维能力的培养

哲学中将"思维"定义为"在表象、概念的基础上进行分析、综合、判断、推理等认识活动的过程"。对于思维的训练并不是要求学生记住关于思维技能和策略的知识，而是要使学生的思维机制内化。因此，思维发展的过程正是探索发现问题的过程，从而使学生脑中产生惊奇与疑问。传统教育中，教师作为输出者、课堂的掌控者，不断向学生的脑中输入问题的答案、结果，学生的创造力会因此受到抑制。相比之下，现代教育中，教师通过制造疑问，引发学生提问并使他们产生兴趣来探究"为什么"，从而在自己的独立分析或团队协作的探索过程中得出结论，此时教师的角色变为引导者。

一、阅读思维能力的内涵及理论基础

阅读思维能力是指读者在阅读过程中，运用已有的知识和经验，对文本进行理解、分析、评价、创造的能力。在高中英语阅读教学中，培养学生的阅读思维能力具有重要意义。首先，阅读思维能力是学生全面发展的重要基础。通过培养阅读思维能力，学生可以更好地理解和运用英语知识，提高语言综合运用能力。其次，阅读思维能力还有助于学生形成独立思考、解决问题的能力，为未来的学习和生活奠定坚实基础。最后，阅读思维能力是培养学生创新精神和实践能力的重要途径。在阅读过程中，学生需要运用创新思维对文本进行深入剖析和多元解读，这有助于激发学生的创新精神和实践能力，培养学生的创造性和批判性思维。

在全面探究高中学生英语阅读思维能力培养策略之前，我们先梳理一下关于阅读思维能力培养的几个理论基础。基于下述理论，同时结合高中英语实践，我们逐步探索出了一些行之有效的培养策略。

1. 认知发展理论

皮亚杰的认知发展理论认为，学生的认知发展是一个逐步建构的过程，需要通过不断地探索和实践来构建自己的知识体系。在英语阅读教学中，教师应注重学生的认知发展特点，设计符合学生认知水平的阅读任务和活动，以激发学生的阅读兴趣和阅读欲望。

2. 建构主义学习理论

建构主义学习理论认为，学习是学生主动建构知识的过程，需要学生在与环境的互动中不断地探索和发现。在英语阅读教学中，教师应倡导学生主动参与阅读过程，鼓励学生通过自主探索和合作学习来建构自己的知识体系，培养学生的阅读思维能力和创新精神。

3. 多元智能理论

加德纳的多元智能理论认为，人的智力是多元化的，包括语言智能、数学逻辑智能、空间智能、身体运动智能、音乐智能、人际智能和自我认知智能等。在英语阅读教学中，教师应关注学生的多元智能发展，设计多样化的阅读任务和活动，以培养学生的多元智能和综合素质。

二、阅读思维能力培养策略

在高中英语阅读教学中存在诸多阻碍学生阅读思维能力发展的因素。首先，传统的教学理念和方法束缚了学生的阅读思维。传统阅读教学过分注重语言知识的传授和应试技巧的训练，忽视了学生阅读思维能力的培养和拓展；同时，机械化的教学模式也限制了学生的思维空间和创新精神。其次，学生阅读材料和阅读环境的局限性影响了学生阅读思维能力的发展。目前，高中英语阅读材料相对单一，缺乏深度和广度；同时，学生的阅读环境缺乏多元化和互动性，难以激发学生的阅读兴趣和阅读欲望。

若要培养高中学生的阅读思维能力，首先需分析了解高中学生的心理情况。在高中这一阶段，学生的心理和生理都日趋成熟，且这一阶段的学习相对紧张、繁多，学生常会产生逆反心理。再从英语的角度来看，高中阶段的学习除基础的字词及句法结构外，更加注重篇章的理解能力和组织能力，大幅的英语篇章本身就会带给学生压力感，如果教师一味输入，则会使英语阅读更加枯燥乏味。赫尔巴特明确提出，对于教育性教学来说，一切都取决于它所引起的智力活动，教学的过程是适当增加而不是减少这种活动；反之，凡不能激发学生智力活动的一切，根本不会受到他们的重视，可能更多的会被视为负担。因此，作为教师，在讲授新问题时，不应急于告诉学生"what's this"，而是要启发学生多问"why"，激发学生的惊奇感后，勾起学生源源不断的探索欲。

我认为培养学生的阅读思维能力应主要采取以下几种方法。

1. 引导学习法

此种方法主要是上课前通过展示与课程相关的图片或视频将学生带入情境，引起学生兴趣，使学生独立分析，并在脑中形成一定概念后发表自己的看法，从而结合篇章进行阅读学习。例如：在阅读有关"Air Pollution"的文章时，教师可先展示某些相关图片以激发学生兴趣，接着让学生谈谈生活中有哪些空气污染的例子，并结合生活中的实例分析出现这种状况的原因，然后对文章进行分析。之后学生可写一些自己的见解。康德认为，仅有知觉时空中的对象而没有对象间的关系或联系不能产生知识。因此，只有更好地了解某方面的知识才会更加透彻地理解文章的主旨。通过阅读，既可以提高学生的理解能力，还可以增强学生的逻辑思维创造力及行文组织能力。

2. 激发兴趣法

学生的学习总是受一定学习动机所支配，而学习动机的培养首先就是要利用一定的条件将社会和教育的客观要求转变为学生的内在学习需要。高中学习压力过大，易导致学生精神紧张；且篇章阅读词汇量需求较大，易导致学生对阅读学习失去兴趣。因此，我们应通过激发兴趣引起学生对文章的思考。例如：每隔一段时间，学生可根据自己感兴趣的方面整理相关资料，阅读后整理读书笔记，并在课堂上使用英语与同学们进行分享交流。阅读和筛选相关资料的过程，是提高独立分析能力的过程；阅读后整理读书笔记，可以提高思维创造能力。

3. 分组讨论法

尽管思维教育重在培养学生的独立思维能力，但更重要的是培养他们的创造力。因为一个人的阅读面是局限的，对阅读材料的整体把握相对较难。通过分组讨论，每个人从不同的角度看相同的问题，在交互的过程中获得反馈，得以修正，并使自己看问题的角度变广，扩大接触面。

4. 设疑查阅法

此种方法适合在课后的实践中运用。现如今的信息时代，学生可通过书籍、电脑阅读大量的资料以增长自己的知识。此种方法可与分组讨论法相结合使用。将学生分为不同的小组，给他们分别布置不同的社会热门课题，如 "environment" "travel" "college entrance examination" 等，使每组学生下课后都能阅读一些资料，然后小组内进行分析讨论，从而提高分析能力，下次上课时，学生将自己所理解的内容进行分享，从而提高创造能力，而其他同学也将获取更多的有效资源。

三、结语

美国心理学家吉尔福特（Guilford, 1950）提出了创造性思维的三个核心特征：变通性（flexibility）、独特性（originality）和流畅性（fluency）。这些特征强调了在解决问题过程中思维的多角度、创新性和连续性。在高中英语教学中，教师应致力于培养学生的创造性思维能力，引导他们在面对问题时能够灵活思考、独立分析，并激发他们的创造潜能。

高中阶段的学习任务繁重，学生面临诸多压力，这使得作为第二语言的英语学习不能依赖于传统的灌输式教学。若教学过程中缺乏趣味性和启发性，学生很可能会失去学习的动力和兴趣。因此，教师需要运用多样化的教育方法，激发学生的学习兴趣，营造一个高效且富有吸引力的阅读学习环境。

通过这样的教学策略，不仅能够提升学生的阅读理解能力，还能增强学生的独立分析能力和创造性思维。这不仅有助于学生在学习上取得进步，更为他们的智力发展和创新精神的培养提供了坚实的基础。这种以学生为中心的教学方法，将为学生的终身学习和个人成长奠定重要的基石。

参考文献

［1］Anderson. *Cognitive psychology and its implications*［M］. New York: Worth Publishers, 2009.

［2］Bruner. *The culture of education*［M］. Cambridge: Harvard University

Press, 1996.

［3］Chambliss, Calfee. *Critical thinking in the language classroom.* Longman, 1998.

［4］Dörnyei. *The psychology of the language learner: Individual differences in second language acquisition*［M］. London: Lawrence Erlbaum Associates, 2005.

［5］Grabe, Stoller. *Teaching and researching reading*［M］.Harlow: Pearson Education Limited, 2011.

［6］Guilford. Creativity［J］. *American Psychologist*, 1950, 5(9): 444-454.

［7］Herring. Computer-mediated discourse analysis: An approach to researching online behavior［A］.In Barab S A, Kling R, Gray J H (Eds.), *Designing for virtual communities in the service of learning*［C］. New York: Cambridge University Press, 2004.

［8］Kramsch. *Context and culture in language teaching.*［M］. New York: Oxford University Press, 1993.

［9］Oxford. *Language learning strategies: What every teacher should know*［M］. New York: Newbury House, 1990.

［10］Pica, Kanagy, Falodun. Choosing and using communication tasks for second language instruction［A］. In G. Crookes & S. M. Gass (Eds.), *Tasks and language learning: Integrating theory and practice*［C］. Clevedon: Multilingual Matters, 1993.

［11］Vygotsky. *Mind in society: The development of higher psychological processes*［M］. Cambridge: Harvard University Press, 1978.

高中英语教学策略的创新与实践：有效性探究

在探讨高中英语有效教学策略之前，我们首先需要对有效教学（Effective

Teaching）的概念进行深入的理论阐释。有效教学是指在教学过程中，教师通过科学的教学方法和策略，确保学生能够全面和谐地发展，实现预期的教学目标。这一概念不仅关注教学成果，更重视教学过程本身，强调以学生的进步与发展为核心。

教育心理学研究表明，学生的认知发展和学习动机是影响学习效果的关键因素（Skinner, 1954; Bandura, 1977）。因此，有效教学策略应当基于学生的认知特点和学习需求，激发他们的内在动机，促进其积极地参与学习过程。

在新课程改革背景下，高中英语教师面临着诸多挑战与机遇。作为一名高中英语教师，笔者深知"有效性"的重要性，并始终将其作为教学实践的首要原则。笔者致力于探索和实践各种教学方法，以期更有效地促进学生的语言能力、思维品质和跨文化交际能力的发展。

以下是笔者对高中英语有效教学策略的初步探究和体会，笔者希望通过分享这些经验，与教育界的同仁共同探讨和提高教学实践的有效性。

一、突出学生主体地位，给学生以语言实践

教师首先要切实转变观念、转变角色、转变功能。从用好教材中的素材做起，构建以学生为中心（student-centered）和以活动为中心（activity-centered）的新课堂。例如，笔者在教Unit 9 Lesson 1 On Your Bike时，通过对精读课文的讲解，让学生了解了阿姆斯特丹倡导骑自行车以解决交通拥堵及环境问题的情况，并通过图片展示了一些城市交通拥堵的状况，同时结合我们泉州的交通问题，引导学生思考问题：What are the advantages of the bicycles over cars? Are the "white bikes" good for our city? Why? 教师利用这些素材，借助学生已有的经验，激发学生的表达兴趣，促使学生综合运用所学语言进行讨论，从而了解汽车给城市带来的问题及解决的办法，树立保护环境从我做起的意识。这不仅能培养学生的语言表达能力，还能对学生进行德育教育。

二、整合运用多种教法，展现课堂教学艺术

在具体的教学实践中，应视不同的课本素材、学习任务等，灵活运用讨论法、辩论法、表演法、探究性调查法和引申法。教师可就学习的话题/问题组织学生展开讨论。学生发表意见，补充更新，整理汇总，互相考问，这种讨论法

有较大的操作性，教师通过鼓励学生对问题提出不同看法，相互争辩，调动学生智慧和积极性，使学生思路处于激活状态。笔者在教北师大版高中英语教材（必修3）Unit 8 Lesson 4 Journey To The Antarctic时设计了一个话题："Imagine you're traveling alone to the South Pole. What will you take with you? And why?"这类问题的回答因人而异，精彩纷呈。说Take a Chinese national flag的理由很让人欢喜；有的答Take a dog or computer也令人忍俊不禁。在回答What will happen to a sixty-year old lady when traveling alone 时，更是把课堂气氛激活到极点。再如，在学习 Unit 4 Lesson 1 Tomorrow's World中的"Before you start"时，学生围绕着一组新旧生活对比的Power point纷纷畅所欲言，笔者在播放歌曲*What Will Be*后，围绕What will life be like in the 20 year's time? If you were in 2050, you would... 等问题激活学生思维，鼓励他们踊跃发言，并形成共识：Life will be much more comfortable, peaceful and beautiful in the future等。在教Unit 10 Lesson 1 Your Money时，笔者设计了问题："Money is everything还是Money is not everything? Why?"把学生分成两组进行正反方辩论，两组学生均能运用已学知识，又不囿于所学，发表了许多精彩的言论，体现了用语言做事，用语言解决问题的能力。

三、充分利用网络资源，创设有效的学习情境

当前，我们已进入网络时代，网络的不断进步，给英语教学提供了更加丰富的资源。这些资源也以其灵活性、趣味性，在课堂教学中发挥了极大作用，为教学内容和方式提供了广阔的空间。例如，在教授 Unit 2 Lesson 3 Modern Heros时，笔者利用网络资源搜索了有关"神舟五号"的背景资料和相关图片，让学生通过图片和视频资料获取相关信息，然后让学生以知识抢答的形式回答如下问题：

（1）When did the first manned spaceship lift off?

（2）How do you feel about china's manned spaceship flight?

在课堂上学生互问互答，集知识和娱乐于一体，有效地实现了这一环节的教学目标。这样，学生不仅了解了太空探险家的优秀品质和献身精神，还能向英雄学习，逐步培养学好英语的毅力和克服困难的意志。网络拥有大量的教学资源，高中英语教材中各单元的话题都可以在网上搜索到相关资料。教师可根

据不同的教学设计及目标进行选择和删减，把这些资源运用到课件中，让学生的耳朵、眼睛、嘴巴都在课堂上利用起来。这种通过网络获取大量的图片、视频、文字资料并灵活地运用到课堂教学的方式为学生创造了真实的语言环境，与传统的板书相比，加大了单位时间的信息量，从而有效地提高了课堂教学的效率。

四、加强学法指导，进一步提高教学效果

我认为学习英语最有效的方法就是背诵。背诵是学习英语不可缺少的一个环节。它符合汉语环境成长的学生的思维定式和认知要求，就像中小学语文教学模式中的背诵古诗文名篇一样。中国学生在英语交流和英语作文时，普遍句式单调，简单句堆砌，遣词造句错误百出，语法词汇及其表达方式处处留有汉语印迹。只有通过背诵词汇、短语和语篇，增加背诵量才能有效排除母语干扰，最终增强学习效果。关于这一点，笔者做得较到位，笔者合理布置背诵内容，加强检查力度。笔者在课堂教学中经常指导学生判断哪些内容需要背，比如告诉他们："这个结构很好，请大家用笔画出来加以背诵，并运用到口语交流或写作中去。"通过我们的努力，以前那些连课文都读不下去的学生，现在也能熟练地进行背诵了。全班已形成了一个英语背诵热潮，并且我们有信心使其成为学生的一个良好习惯，持久地坚持下去。

总之，有效课堂不仅是一种理念，更是一种价值追求，一种教学实践模式。在今后的课堂教学中，笔者将会更多地思考、更多地关注。我们要踏踏实实地研究"有效性课堂教学"，关注学生的实际情况，才能真正地接近学生，使每一个教学环节都能够在学生身上发生作用，从而真正把有效的理念在具体教学过程中加以贯彻落实。

参考文献

[1] Skinner. The science of learning and the art of teaching [J]. *Harvard Educational Review*, 1954, 24(2): 86-97.

[2] Bandura. *Social learning theory* [M]. Englewood Cliffs: Prentice Hall, 1977.

[3] 李红梅. 高中英语有效教学策略研究 [J]. 教育理论与实践, 2015,

35（2）：45-48.

［4］张莉.新课程背景下高中英语有效教学策略探讨［J］.教育导刊，2016（10）：52-55.

［5］王晓东.高中英语教学中有效策略的运用［J］.教育现代化，2017，4（2）123-125.

［6］赵丽华.高中英语教学中有效教学策略的实践与思考［J］.教育探索，2018（3）：47-49.

从发展思维能力视角审视高中英语阅读的有效教学

《普通高中英语课程标准（实验）》的教学建议提出，教师应帮助学生发展探究知识的能力、获取信息的能力和自主学习的能力，应创造条件让他们能够探究自己感兴趣的问题并自主解决问题，应为他们独立学习留有空间和时间，使他们有机会通过联想、推理和归纳等思维活动用英语分析问题和解决问题；该课程标准还建议教师在教学中要注意发展学生的批判性思维能力和创新精神，在设计任务时要使他们的思维能力、想象力、审美情趣等综合素质得到发展。由此可见，思维能力的发展是高中英语教学的重要目标之一，而思维与阅读有着千丝万缕的联系。阅读能力的培养是高中英语教学的核心内容，高考英语阅读理解题注重语篇分析水平、合理判断能力及根据语义进行逻辑推理能力等的考查，这些阅读能力的发展与学生思维能力的发展密切相关。发展学生思维能力有助于引导学生积累语言，培养学生的阅读技巧及文化意识，与阅读能力的发展相辅相成。为此，本文拟从发展思维能力视角审视高中英语阅读的有效教学。

一、发展思维能力的内涵及意义

所谓思维，是指人的意识活动，是物质性的人脑加工事物及信息的处理过程（姜继为，2012）。

思维能力包括理解力、分析力、综合力、比较力、概括力、抽象力、推理力、反思力、判断力等20种能力。不同学者参照不同标准对思维能力的构成要素进行了分类。例如，黄远振等（2013）从语言创新思维能力角度将思维能力分为逻辑性思维技能、批判性思维技能和创造性思维技能。其中，逻辑性思维技能包括分析综合、分类比较、归纳演绎、抽象概括，批判性思维技能包括判断推理、质疑解疑、求同辨异（求同思维和求异思维）、评价预测，创造性思维技能包括纵横思维（纵向思维和横向思维）、联想想象、隐喻通感、模仿创生。该分类比较契合中学英语阅读教学，具有理论指导意义。不言而喻，思维能力是整个智慧的核心，参与、支配着一切智力活动。要使人聪明起来，智慧起来，最根本的办法就是培养思维能力，发展思维能力。

建构主义理论核心观点认为，给学生提供足够的思维时空，使其主动建构自己的认识结构，培养其自身的创造力。建构主义者认为学生本身是英语教学的调控者，英语教学要让学生在问题解决中学习，使学生在获得知识的同时有足够的空间进行反证或反思，判断新知识的合理性与可操作性，从而建构自己的知识体系（焦晓骏，2011）。

因此，培养和发展思维能力始终伴随着提高学生英语阅读能力的教学过程。发展思维能力能缩短学生独立摸索的过程，使其自身内化的知识和经验得到更新与升华，同时提高其学业水平和考试成绩。教师在教学中要重视知识的形成过程，充分调动学生思维的主动性，使得他们的思维能力得以培养发展，进而促进其英语阅读能力的发展。

鉴于此，从发展逻辑性思维、批判性思维和创造性思维等不同层面审视高中英语阅读教学的有效性能够赋予高中英语阅读教学更全面的教学价值。

二、以发展逻辑性思维能力视角审视"信息综合加工"的阅读目标

阅读是理解语篇及获取、加工、处理信息的综合过程。在整个高中阶段，

　　教师往往认为学生不会做阅读题是因为学生没有把文章读懂，可是经常有学生抱怨说"明明看懂了，可依然做错了"。这种情况说明学生缺乏归纳、总结和提炼的能力。学生每学期做了大量题目，其中有经验、有错误，也有教训。教师在阅读教学过程中要引导学生对阅读文本信息综合加工过程进行比较、综合、概括和归纳，剥离出题型、解题技巧、错误类别、犯错原因等，给自己警醒，并上升到思维层面进行剖析。比如，学生要辨明阅读理解题的因果逻辑，概括归纳出它的特点，掌握解题关键和技巧。

　　以下是高二年级周练阅读题节选。

　　A florist（花商）appeared in front of Mrs. Mason's house next door. Who would be sending Mrs. Mason flowers? Sophie wondered. Flowers made Sophie think of her Joe who died eight months ago. The delivery man knocked at the door but no one seemed to be answering, so he looked around and started toward Sophie's house.

　　"Would you take a delivery for your neighbor?" the man said loudly. "Yes." Sophie answered. Sophie looked at the roses, yellow, the color Joe had always chosen! She stared at them for a while, filled a vase with water, then tenderly arranged the roses and greens, and carried them into the sitting room. It was five o'clock when Mrs. Mason knocked at Sophie's front door. Sophie's cheeks were flushed. She was turning hot with shame.

　　57. Sophie arranged the roses in the vase, because _____.

　　A. she thought it was Joe who sent them to her

　　B. she could not resist the temptation to have them

　　C. she took it for granted that they were hers

　　D. Mrs. Mason would never know she got them

　　59. The passage could best be entitled _____.

　　A. Sophie and Joe　　B. Love　　C. Valentine's Day　　D. Flowers

　　被考查的学生多数能排除57题的C、D两项，A、B两个原因皆有可能导致Sophie把花插在自家花瓶里，但是从后文可知她一开始并不知道这花是Joe送的。又根据第二段后三句可知，这花刚好是她丈夫生前喜欢且经常送她的黄玫瑰，此时此景，她更加思念去世不久的丈夫，不禁把花插在自家花瓶里，这才是根本原因，故选B项。教师可再提供相似题型，引导学生比较、分析、归纳得出：题干中有because时，尤其是选项中出现多个原因时，一定要选择其中的"直接原因"或者"根本原因"。

59题选择标题，学生多数能排除A、C两项，选B、D两项的各为65%和29%，学生归纳得出D项概括了文章的内容，但B项不仅概括了文章的主要内容，且把文章内涵和外延的观点表达了出来，用精练的语言概括出文章的中心，而选择标题的原则恰是如此。

通过平时训练，学生还归纳出很多方法。比如：如果题干中有infer这个单词，一般说来应排除选项中那些在文中出现过的句子。既然题目要求推断出某一结论，那说明这一结论不可能在文中出现。

三、以发展批判性思维能力视角审视"评价—反思"的阅读目标

教师在英语阅读教学中要引导学生，在主动建构自己的知识经验形成自己见解的过程中，不断地对自己理解的知识进行反思。学生反思能力的培养主要是指培养学生自主地思考学过的知识、做过的题目，以及在学习过程中所积累的经验教训与所暴露的优缺点等（姜继为，2012）。为此，教师在教学中应重视培养学生的反思习惯，引导学生逐步养成反思的意识与习惯。教师除了让学生做课后作业，不妨偶尔也让学生在试卷上反思解题过程、失误原因，以便在以后阅读时能根据阅读篇章、目的和文段的不同，调整阅读速度和阅读方法。鉴于许多学生不把反思当作业，教师在刚开始时要督促他们以书面的形式把反思写下来，告诉他们：磨刀不误砍柴工，反思有利于提高。慢慢地，学生就会体验到反思的甜头，自愿进行反思。

下面是一名学生在期中考试后关于阅读部分的反思：

由于这段时间对英语学习有了明显的松懈，阅读量不足，做阅读理解时感觉越来越困难。另因缺乏词汇的积累，做题时部分句意不理解，从而没办法理解全文，而且在做这份考卷的时候没有合理安排好时间，一篇文章读不懂后一读再读，结果时间浪费太多，导致没有答完所有试题。期中考试已经过去，接下来的一段时间，我要注重英语的练习，进行词汇词组的背诵积累，争取能够进步；还要争取每天达到一定的阅读量，认真完成课内外练习题；有空的时候

多阅读英语报刊，积累好词好句，为作文增色。"I won't let a failure discourage me. I'll try again."

四、以发展创造性思维能力视角审视"问题—解决"的阅读目标

在实际教学中，教师就阅读材料内容设计具有创造性的开放性问题，或由学生提出问题，让学生通过解决问题来获得相应的问题图式（problem schema），以及相关的观念性理解（conceptual understanding）（焦晓骏，2011）。学生在阅读任务的完成中激活原有经验，并有了新的理解，使得新旧知识、经验进行相互作用，从而实现对知识的完全理解，达到思维能力与阅读能力提升的双重目的。

例如，北师大版高中英语（必修5）模块五Unit 15 Lesson 1主要讨论终身学习的话题。在教学方面可侧重于比较不同年龄、不同性别的三个人通过不同方式坚持不懈地学习得到的不同的结果。在Reading的Task1中可以设计以下问题任务，让学生阅读课文，要求学生运用阅读策略来理解文章，创造性地解决这些问题。

（1）If you were Sun Wen, how would you continue your learning?

（2）What can we infer from Sun Wen's experience?

（3）What conclusion about Ms Tang can we draw from the text?

（4）What implication about lifelong learning can we get from the three persons' experience?

（5）How can the function of the first paragraph be borrowed in your writing?

这几个问题都具有开放性，不仅包含细节理解、推理判断、篇章结构等方面的理解，更需要学生将阅读的内容加以整理和系统化，并运用逻辑思维，在归纳、分析、推理和判断的基础上创造性地解决问题。

Task 2在教学难点的处理上采用口头谈论的方式，充分调动学生的积极性、主动性和创造性，使Task 1学习活动逐步内化为学生自身的思维活动，使得语言的输入最终顺利转化为语言的输出，达到情感目标的要求，做到读与说的结合。在此步骤可进行篇章结构的分析，板书以下内容：比较三个人的各个不同方面，得出观点：终身学习很重要，回归文本主题。

Different people	Different ages	Different background	Different learning ways	Different results	The same opinion
Sun Wen	28	at work	by distance learning	getting promoted at work	It's important to take part in lifelong learning
Ms Tang	45	laid off	to school	will set up an export company	
Grandpa Chen	75	retired	grandson taught him	send email; see and talk to grandson in the USA on the i-Cam	

随后教师引导学生进行归纳和总结：在当今科技等方面发展迅猛的社会环境下，不学习则被淘汰，并回归到上一个单元的话题：社会、工作环境在不断发展变化，每个人都应学会一些技能，以适应社会的变革。最后点题：活到老，学到老，适者生存。这一环节的教学过程中要给学生留有思考空间，而教师的任务主要在于适时帮助、推动学生整理思维，加深理解，巩固记忆，发展学生创造性思维能力。

总之，高中英语阅读教学应强调学生思维能力培养的理念已经被越来越多的英语教师所接受。教师要注重发展学生思维能力，培养学生探究知识的能力，实现学生英语阅读能力质的提高，让他们从经验积累中学习，在解决问题中学习，在获得知识的同时有足够的空间进行反思，从而不断地挑战自己，最终达成思维能力与英语阅读能力同步发展。

参考文献

[1] 中华人民共和国教育部.普通高中英语课程标准（实验）[M].北京：人民教育出版社，2003.

[2] 姜继为.思维教育导论[M].北京：中央编译出版社，2012.

[3] 焦晓骏.怎样成为一名优秀英语教师[M].北京：华东师范大学出版社，2011.

高中英语阅读教学设计误区分析与优化策略

教学设计是教育过程中至关重要的一环，它涉及如何通过精心规划的教学策略来实现教学目标。这一概念根植于教育学、心理学以及认知科学的深厚理论基础之上。根据布卢姆的教学目标分类（Bloom，1956），教学设计不仅需要考虑知识与技能的传授，还要关注学生分析、评价和创造等高阶思维能力的培养。

在高中英语阅读课的教学设计中，教师需要结合克拉申的语言习得理论（Krashen，1982）和维果茨基的社会文化理论（Vygotsky，1978），深入分析学生的现有水平、学习风格和需求。通过对教学材料的系统性分析和有效延伸，教师能够确立清晰的教学目标，并设计出富有成效的教学步骤和活动。

此外，随着信息技术的发展，现代教育手段如多媒体和网络资源的融入，为教学设计提供了更为广阔的平台和更为丰富的工具。这要求教师不仅要掌握传统的教学设计方法，还要不断提升自己的信息技术应用能力，以适应数字化教学的需求。

在教学实施过程中，教师应持续进行教学反思（Schön，1983），这不仅有助于发现和解决教学中的问题，还能促进教师专业成长，提高教学指导的有效性。通过反思实践，教师能够不断优化教学设计，使之更加贴合学生的实际需求，从而更有效地促进学生语言能力的掌握和运用。

一、高中英语阅读教学设计常见误区

1. 喧宾夺主的导课设计

导课的目的是激发学生的学习兴趣，使学生了解知识发生的背景，加深对课文的理解。当前高中英语教学设计中有一种误区，那就是"为了情境而情境"，还美其名曰"体现新课程理念，激发学生兴趣"。

课例一：北师大版高中英语（必修4）Unit 12 Lesson 1 Visiting Britain

本单元的重点是了解文化差异。第一课主要是介绍在英国的不同生活方式，以达到让学生明白文化差异的目的。笔者在网上看到众多教学设计把播放英国旅游景点、英国美食的视频或图片作为导课设计，完全忽略了单元主题，误导学生认为这是一篇介绍英国风光的文章，从而导致在课文学完以后，学生没有了解到这是主题为文化差异的课文。高中英语课程要着重培养学生用英语获取信息、处理信息和传达信息的能力。如果仅仅认为"情境"能激发学习兴趣，那就小看了导课环节的作用了。所以，导课环节实际上是引领学生进入课文主题的关键环节。在这一环节所采用的视频或图片材料应该为课题服务，引导学生进行思考。例如，本课中，笔者认为可以通过播放一些具有英国特色的生活视频或图片引导学生思考不同文化的差异，通过让学生预测课文内容，或是讨论如何适应不同文化生活等活动来引出课文主题。

2. 过分细节化的精读环节设计

阅读课中，为了让学生更好地了解课文内容，教师会设计Careful reading的教学环节。在这个环节，教师应帮助学生发展探究知识的能力、获取信息的能力和自主学习的能力。布置的学习任务应涉及信息的接收、处理等过程。可是笔者发现很多课例中这个环节设计为单一的true or false，课文内容填空，或是提出一些简单的问题，而在问题设置中过多关注细节，追求面面俱到。

课例二：北师大版高中英语（必修1）Unit 1 Lesson 1 A perfect day

本课介绍了两种不同生活方式，学生将在本课学习有关生活方式的词汇，内化为自己的语言，并针对自己以及周围人的生活方式进行描述。笔者发现网上大量的课件把精读环节理解为课文细节获取环节，设计了大量的True or False和Questions and Answers练习，而这些题目的内容全部来自课文细节，缺乏拓展性。笔者认为在问题的设计中，教师应该深入分析教学内容，多加思考，应该注意区分度，由易入难。例如，增加词义猜测、句意理解，或者是写作用意、写作手法等类型的题目，让学生在获取细节信息的基础上，进行有效的推理判断，从而提高处理信息的能力。

3. 过度形式化的拓展活动环节设计

根据高中学生认知能力发展的特点和学业发展的需求，高中英语课程应在进一步发展学生综合语言运用能力的基础上，注重提高学生用英语进行表达的能力。为此，高中英语教学中，教师应开展相应的教学活动，通过小组讨论、辩论、采访、表演等活动来培养学生合作学习的能力及实际运用英语语言的能力。在设计任务时，教师应以学生的生活经验和兴趣为出发点，要有助于英语知识的学习、语言技能的发展和语言实际运用能力的提高，要积极促进英语学科与其他学科间的相互渗透和联系，使学生的思维能力、想象力、审美情趣、艺术感受、协作和创新精神等综合素质得到发展。但是许多教师在这一环节的设计中，过度注重活动形式，而忽略了活动内容，设计的话题不能很好地与本课的教学内容相结合，不能有效地达到知识输出的目的。有的设计忽略了教学活动应该以提高学生能力为原则，不是为了活跃课堂气氛，而大张旗鼓地进行哗众取宠的教学活动形式。

课例三：北师大版高中英语（必修3）Unit 8 Lesson 3 Marco Polo

本课的主要内容是介绍马可·波罗的平生及其在中国的见闻。在笔者听过的一节课中，拓展活动的讨论话题为：Do you like travel? Which city would you like to travel? 虽然这是一篇涉及马可·波罗游记的文章，可是与旅游并无多大关系。所以笔者认为把讨论话题放在旅游上，实在是偏离了主题。笔者认为在这个环节可以通过课文复述来提高学生的英语表达能力；抑或是分析文章结构，使学生从本课的学习中了解人物传记的写作特征，学会写个人简历；也可以从丝绸之路的角度设计问题，激发学生的爱国主义情怀，让学生为中华民族几千年的文明感到自豪，并使学生明白外语学习在外交交流中的重要作用。

课例四：人教版高中英语（选修7）Unit 5 Traveling abroad

本单元的中心话题是"出国学习或旅游"，语言知识和语言技能部分主要是围绕这一中心话题展开的。Reading部分介绍了主人公谢蕾第一次去国外求学时所面临的问题，以及房东和导师对她的帮助，使她大胆正视困难，迎接挑战，最终树立了信心。在笔者听的一节课中，最后的活动环节，教师以It's very important to know how to deal with the problems while traveling in a foreign country 为话题，设计了两个情景，让学生表演小品。情景一：丢了钱包，怎么办？情景二：迷路了，怎么办？在这个环节，学生热热闹闹地表演，课堂看似活跃。可是对于高二的学生来说，这样的情景是不是太过简单，过于注重形式，只为了活跃课堂气氛而忽略了提高学生实际运用语言能力的设计是失败的。其实课后workbook对这一话题的设计就非常新颖。Mei Jie is planning a three-week holiday in Italy and France . She has been using the Internet to find out information for her trip. Look at the web page. It is from the web site where she searched for information. Read the web page carefully and discuss the question in groups. 笔者认为也可以就课文话题进行拓展，例如：try to add two or three other problems that Xie Lei might have and summarize what you would do if you had the same problems. 笔者认为，设计的活动应能够帮助学生树立国际意识，培养学生跨文化交际能力，培养学生坚强的意志，坚定克服困难、迎接挑战的决心。

二、高中英语阅读课教学设计的实施建议

1. 分析学情，因地制宜

课程标准指出，由于学生现有的语言能力以及学习方式等方面存在差异，高中英语课程的教学设计不但要符合学生的生理和心理特点，还要考虑不同学生的不同情况。所以，教师上课之前首先要对学情进行认真分析，这样才可以设计出适应学生发展的课堂。因此，网络上的各种教学案例只能作为参考，而不能一味拿来主义。

2. 分析教材，紧扣主题

在设计过程中，切忌重视形式而忽略意义。这就要求教师在授课之前，必须对教材进行分析，收集相关信息，然后采用灵活有效的方法，如呈现视频、音乐、图片，或引入背景介绍、相关话题讨论等形式进行导课。同时，教师必须明确自己所采用的拓展材料是为本课教学内容服务的，是有利于培养学生用英语获取信息、处理信息和传达信息的能力，分析问题和解决问题的能力，以及用英语进行思维和表达的能力的。

3. 确定目标，有的放矢

新课程标准提出了三维教学目标，即知识与技能目标、过程与方法目标、情感态度与价值观目标。教学目标的制定必须真正以学生为主体，激励学生参与到课堂中来。教学目标对教学活动具有导向性，决定课堂教学的方向，占有重要的地位。不确定教学目标，或对教学目标进行笼统定义，会导致教学任务设计的偏差，甚至背道而驰。教师只有深入钻研教材，确定好教学目标，精心设计课堂教学，才能取得良好的教学效果。

4. 选择教法，注重能力

分析完教材以后，教师还要设想自己该用什么方法才能更好地让学生参与到课堂中来。例如在教学内容的分析和理解过程中可以采用任务型教学方法，设计数个任务，阅读课型中常见的有略读、猜读、精读、悟读等步骤，让学生在完成任务链的同时，掌握和理解课文内容。课程标准指出，高中英语课程应关注学生的情感，使学生在英语学习的过程中，提高独立思考和判断的能力，发展与人沟通和合作的能力，增进跨文化理解和跨文化交际的能力。所以在读后，教师还应该设计相应的活动来培养学生英语思维和英语表达能力，为学生进一步学习和发展创造必要的条件。例如，可以采用情境教学法，创设情境，让学生在情境活动中培养能力。

5. 注重评价，不断发展

在课堂的最后，要开展学生自评、互评及教师总评的评价活动。评价要有利于学生的发展，对学生的学习起到促进作用。教师的评价要具有鼓励性，要有助于学生增强英语学习的信心。通过有效的评价体系帮助学生调整自己的学习目标和学习策略，为今后的发展奠定基础。

总之，教学活动的设计要根据学生实际，教学活动要依附在具体的知识上，每节课应该有明确的教学目的，使学生能够通过学习活动，不仅掌握相关的知识，在思维、能力上也能逐步发展，同时在学习活动中积累学习经验，享受成功的喜悦。

参考文献

[1] Bloom. *Taxonomy of educational objectives: The classification of educational goals* [M]. NewYork: Longmans, Green, 1956.

[2] Krashen. *Principles and practice in second language acquisition* [M]. Oxford: Pergamon Press, 1982.

[3] Vygotsky. *Mind in society: The development of higher psychological processes* [M]. Cambridge: Harvard University Press, 1978.

[4] Schön. *The reflective practitioner: How professionals think in action* [M]. New York: Basic Books, 1983.

[5] 丁娟. 高中英语读写课教学的定位与教学设计的有效性——一节公开

课所引发的思考［J］.教育教学论坛，2014（21）：97-98.

［6］华创锋.高中英语阅读课教学设计［J］.青年科学（教师版），
　　2013（2）：365.

［7］张彩霞.浅谈高中英语阅读课教学设计［J］.祖国（教育版），
　　2013（1）：418.

［8］苏生鸿.高中英语阅读课教学设计［J］.教育教学论坛，2010（23）：
　　63.

［9］文敏琳.任务教学法在大学英语阅读课教学中的设计［J］.考试周刊，
　　2008（2）：79-80.

高中英语阅读课任务型教学法的有效性

阅读不仅是获取信息的基本途径，更是语言学习中不可或缺的一环。它不仅关系到学生能否有效地吸收和理解语言材料，还直接影响到他们口头和书面表达的流畅性。在当前高中英语教学中，普遍存在的问题包括阅读理解准确率低下和阅读速度缓慢，这些问题的存在不仅影响了学生的学习效果，还可能导致一些学生产生阅读焦虑，甚至逃避阅读活动。

任务型教学法（Task-Based Language Teaching, TBLT）作为一种以学生为中心的教学模式，强调通过实际的语言使用任务来促进语言学习（Willis，2007）。该方法认为，学生在完成具体任务的过程中，能够更自然地习得语言知识，同时培养认知、社交和语言能力。因此，作为教师，我们应当高度重视阅读教学中存在的问题，并在教学过程中坚持采用任务型教学法，以培养学生的阅读能力。

此外，教师还应注重对学生阅读策略的指导，如预测、概括、推理等，这些策略对于提高阅读理解和速度具有重要作用（Carrell, 1984; Grabe & Stoller, 2002）。通过有效的阅读策略指导，学生能够更加自信地面对阅读任务，减少阅读焦虑，提高阅读教学的有效性。

本文结合作者在高中英语阅读教学中的实际经验，对任务型教学法的有效性进行了探讨，并提出了一些针对性的改进建议，旨在提高高中英语阅读教学的质量和效果。

一、任务型教学法

任务型教学法是20世纪80年代起《外语教学研究》与《第二语言习得研究》的一个有重要影响的语言教学模式。所谓"任务"即是"做事"。为完成任务，学习者以"意义"为中心，尽力调动各种语言的和非语言的资源进行"意义"共建，以达到解决某种交际问题的目的。任务型教学法以学生为中心，关注学法，注重语言习得。"语言是用来做事的"，课堂上教师的任务就是让学生尝试如何用恰当的语言把要求做的事情做好，即学生通过"完成任务"进行学习。任务型教学模式具有两大特点：其一，强调采用具体明确的"任务"来帮助语言学习者主动地学习和运用语言，使他们产生强烈的语言学习动机，从而成为自主的学习者，教师在设计任务时应重视任务的趣味性；其二，教师在教学中应能根据自己对语言学习的理解以及学生的语言需要和能力设计教学任务。全球著名的语言教学专家克拉申（Stephen D. Krashen）认为，"可理解的语言输入"是语言习得的必要条件。所谓"可理解的语言输入"，是指学习者听到或读到的可以理解的语言材料，这些材料的难度应该稍微高于学习者目前已经掌握的语言知识。因此，教学任务的设计应有一定的难度，有助于学生在合作完成任务的过程中发挥潜能，体验成功。

教师在进行英语阅读教学的过程中，应该以"任务"为切入点，以"任务"为转折点，以"任务"为总结点。以"任务"为切入点，就要求教师在学生进行阅读之前，把"任务"留在前面，消除学生阅读的盲目性，提高阅读的效率。以"任务"为转折点，就要求教师在阅读教学过程中，在每一步、每一层次上都应设置"任务"，并且这些"任务"应该是逐步递进的关系。以"任务"为总结点，就要求教师在整篇文章阅读完之后，要以"任务"的出现作为对此次教学过程的总结。总而言之，也就是要以"任务"贯穿在教学过程的始终，让学生每一次阅读都有的放矢。

二、教学实践

为了检验任务型教学法的有效性，笔者采用该方法在所任教的两个平行班进行了教学实践，进行了高一英语教材（必修1）中四个阅读课的教学。实验进行前，测验结果表明，这两个班学生的阅读能力和平均成绩基本相同。该实验历时一年，在7班的阅读教学以传统的语法翻译法为主，8班主要采用任务型教学法。实验结束后，对两班学生进行测试，8班阅读成绩的平均分为21.1分，7班为19.2分。通过访谈的方式了解到8班学生对阅读更有兴趣，课外阅读频率较高，而7班学生则更多地认为阅读成绩与听课的注意程度有关。所以，任务型教学法在新高中英语阅读教学中具有可行性和有效性，更重要的是能促进学生的自主学习。

三、任务型教学法评析

（一）任务型教学法的有效性

实践表明，任务型教学法在新高中英语阅读教学中是行之有效的方法，有助于学生阅读兴趣的培养、语言知识的习得和语言技能的掌握。

（1）在任务型教学中，学生活动机会增加了。活动越多，学生可理解性的输入越多，语言习得就越多。

（2）任务型教学的重点在于信息沟通，而不是语言形式。学生在语言的输出中提高了表达能力。

（3）在任务型教学的过程中，学生始终在完成任务，这有助于学生主体地位的体现和合作能力的发展。

（二）任务型教学法在实践中存在的问题

（1）任务型教学法对教师提出了更高的要求。教师不仅是知识的传授者，还是课堂活动的设计者、组织者、参与者和指导者。

（2）由于学生是有个体差异的人，使用任务型教学法有时会使教学进度减慢，达不到理想的效果。

（三）使用任务型教学法的建议

1. 重视教学设计，更新教学理念

要取得任务型教学法的有效性，教师必须具备较高的外语能力和现场掌控

能力，这要求教师努力提高自身外语运用能力、材料的设计和课堂活动的组织能力。

2. 注意任务型教学法和其他教学法的结合

没有任何一种教学方法是万能的，任务型教学法也有其局限性。所谓"因材施教"，教师应尊重学生学习基础、认知水平、个性特征的差异，视学生的不同情况采取不同策略。讨论阅读教学的目的是让学生会读。"方法的掌握必须在主体实践中实现"，任务型教学法给学生提供了充分的实践机会，体现了新课程"面向全体学生，突出学生主体，采用活动途径，倡导体验参与"的基本理念。实践表明，任务型教学法在新高中英语阅读教学中行之有效。任务型教学法提倡学习者为用而学、在用中学、学了就用。但是，学生通过任务习得的知识很少有机会在真实的外语世界中运用，学生难以及时意识到表达错误并进行优化，容易产生语言的"石化现象"。从长远看，教学的有效性是否会有所削弱，这个问题还得进一步研究、探讨。

参考文献

［1］Willis D, Willis J. *Doing task-based teaching*［M］. Oxford: Oxford University Press, 2007.

［2］Carrell.Reading for information and reading for pleasure［J］. *ELT Journal*, 1983，38(3)：161-169.

［3］Grabe, Stoller. *Teaching and researching reading*［M］. London: Pearson Education, 2002.

［4］Arnood. *Affect in Language Learning.*［M］. Beijing: Foreign Language Teaching and Research Press, 2000.

［5］文军. 外语、翻译与文学研究［M］. 北京：北京航空航天大学出版社，2007.

［6］人民教育出版社，课程教材研究所，英语课程教材研究开发中心. 新高中英语教与学［M］.北京：人民教育出版社，2006.

［7］尹刚，陈静波.给英语教师的101条建议［M］.南京：南京师范大学出版社，2004.

第二节　课题研究：构建以文学阅读为依托的高中英语思维教学模式

一、研究背景和意义

在《普通高中英语课程标准（2017年版2020年修订）》的指导下，高中英语教学的核心目标之一是培养学生的思维能力。该标准强调，教师应引导学生发展探究知识的能力、获取信息的能力和自主学习的能力，同时为学生提供独立学习的空间和时间，以促进他们通过联想、推理和归纳等思维活动用英语分析问题和解决问题。此外，教师在教学中应注重发展学生的批判性思维能力和创新精神，确保学生的思维能力、想象力、审美情趣等综合素质得到全面发展。

国内外学者对语言教育中文学阅读教学的作用和功能进行了深入研究。Showalter（2003）提出了"阅读促发展"的理念，认为文学阅读是培养人文素养的关键途径。文秋芳等（2006）基于语言的交际功能、文化和知识的承载功能以及思维功能，建议英语学科应增加文学阅读等入门课程，以促进学生综合素质的发展。这些研究成果表明，将语言教学、文学阅读和思维能力培养融合于课堂教学环境中，在理论和实践上都是可行的。

福建省新课程高考的考试说明将文学与艺术（literature and art）纳入话题项目，强调了文学作品在语言学习中的重要性。文学作品使用的文学语言，不仅传达信息，还传递情感，包含哲理和幽默，具有情节吸引力和节奏魅力。学生通过阅读文学作品，能够深刻记忆语言，并通过文学作品中的生活情景，培养长远目标和现实需求。

本研究基于思维型课堂教学理论，该理论包含认知冲突、自主建构、自我监控和应用迁移四个基本原理。这些原理突出了知识形成过程的重要性，有助于训练学生的思维品质，培养学生思维方式，并促进学生健全思维主体的形成。通过这种教学模式，教师和学生都能得到发展，实现文化教育平台的构建，同时促进学习者在接触文学作品时感受不同民族文化和思维的差异性，学会理解和尊重异国文化，增强本民族文化的自觉性。

此外，本研究还将借鉴维果茨基的社会文化理论，强调语言和思维的社会性质，以及通过社会互动促进认知发展的过程。根据这一理论，文学作品作为文化的产物，能够为学生提供丰富的语言和思维资源，帮助他们在社会文化背景下构建知识。

综上所述，将文学阅读与英语课堂教学有效结合，不仅能够促进学生语言能力的发展，还能够培养他们的思维能力、审美情趣和文化自觉性。因此，构建以文学阅读为依托的高中英语思维教学模式，是一项具有重要理论和实践价值的课题。

二、研究目标与内容

本课题的研究目标是：构建以文学阅读为依托的高中英语思维教学模式，论证具有系统性地体现学习者思维发展特点的英语文学阅读思维教学内容，构建具有学科特色的英语文学阅读思维教学模式，并通过实证研究验证该模式的有效性，即构建以文学阅读为依托的高中英语思维教学模式，能够有效促进学习者（教师与学生）语言学习和思维能力的发展。为实现这一目标，本课题的研究内容包括以下几个方面。

（一）论证高中英语文学阅读思维教学内容

在中学阶段，教师不可能有充足的时间和精力去编写教材，而且能力有限。我们要充分利用北师大版教材补充部分中的Literature Spot，以及报纸杂志以及网络材料。高中英语教材都是精心编排的，每个单元都围绕一个主题展开，如果能在文学作品中找到与教授内容主题相关的作品并将其引入课堂教学，必将成为高中英语教学的一个有益补充。这些文学材料中有着丰富的知识，而知识的消化加工要求思维深入、思考持久，这样有助于思维主体的健全发展，全面训练20项思维能力。

（二）构建高中英语文学阅读思维教学模式

以思维型课堂教学理论的"认知冲突""自主建构""自我监控"和"应

用迁移"四个基本原理为出发点，按照"明确课堂教学目标""突出知识形成过程""联系已有知识经验""重视非智力因素培养""训练思维品质以提高智力能力""创设良好教学情境""分层教学因材施教"等七个方面的课堂基本要求，结合英语学科的教学特点和"思维型"英语阅读教学内容设计，研究英语文学阅读思维型课堂教学模式的基本特征、教学原则、实施步骤及操作方法。

（三）研究以文学阅读为依托的高中英语思维教学课堂的有效性

在思维课堂的教学过程中，要注意以下几个方面的有效性：

（1）教师在阅读教学中开发和使用非常规问题，引导学生讨论问题，鼓励学生畅所欲言，促进新观点的生成。

（2）教师在阅读教学中设计生成任务，利用文本信息，揣测学生的阅读心理，为学生搭建思维的平台，延续学生的认知。

（3）教师在阅读教学中鼓励学生进行建构活动，要注意不偏离学生的实际生活，设计真实的任务，这样学生的创新作品才有价值。

（4）教师在阅读教学中组织学生合作学习，合作学习的过程要循序渐进，使用有价值的问题引发学生的思考，他们之间可相互借鉴、相互补充、相互促进，由此达到通过观点的碰撞促进思维的发展。

三、预期创新点

创新之处：把握高中学生思维能力教育的最佳时期，以英语文学阅读文本为载体，培养英语学习者文化和创新思维意识，从而构建具有学科特色的以文学阅读为依托的高中英语思维教学模式，组织课堂师生"双主体"互动，激发学生的思维活动，以高质量的课堂教学带动学生创新思维能力的发展和创造性人格的培养。

四、研究方法和步骤

（一）研究的过程

（1）制定研究方案，确定具体分工和运作方式；对高中不同年级学生的需求进行分析。

（2）开展高中英语文学阅读思维教学内容分析与设计、课堂教学实验。

（3）论证并评价高中英语文学阅读思维教学模式的有效性。

（4）课题研究成果总结与课题结题论证。

（二）研究的主要方法

（1）课堂教学实验法。通过对实验过程的分析，发现问题，研究对策，及时施加变量，控制无关变量。

（2）行动研究法。在行动中研究，在研究中行动；边计划，边行动，边改进。

（3）对比实验教学法。选定实验班，与平行班对照，进行纵向、横向的比较。

五、成果呈现形式

本课题研究成果将以论文形式呈现，预期成果如下：

预期成果名称	成果形式	完成时间	负责人
高中英语思维型文学阅读选材及教学内容分析	论文	2014年	孙志英
高中英语思维型文学阅读教学的思维特征分析	论文	2015年	孙志英
高中英语思维型文学阅读课堂教学有效性的评价标准分析	论文	2014年	陈燕丽
发展高中学生思维　提高英语阅读能力	论文	2014年	陈燕丽

六、条件保障

本课题组收集国内外关于高中英语文学阅读思维教学研究的参考文献，其中专著2部，论文20多篇，研究报告3篇；收集国内外关于思维教学与研究的参考文献，其中专著2部，论文13篇。此外，本课题组还收集了大量的不同时期出版的英语文学作品简易读本、《21世纪英文报》、*China Daily*、经典英语美文，购买多套近年出版的阶梯型文学阅读读本，收集了大量的网络文学阅读电子文本以及查阅了大量的资源信息。总之，研究资料准备基本就绪。

泉州五中是一所具有百年历史的名校，是全省首批重点高中、首批省级示范性高中。本校有精干的教师队伍和优质生源。学校教育教学设施设备达国家级标准，建有面积各为2111平方米的图书楼和现代教育技术中心大楼；图书馆藏书12.5万册，订有各类期刊220种；全校建立多媒体交互式校园网络系统，拥有计算机网络中心、教师电子备课中心、图书资料计算机管理中心等。因此，学校有能力提供完成本课题所需的条件，学校也愿意承担本课题的管理任务和信誉保证。

参考文献

［1］Showalter. *Teaching literature*［M］. New York: Blackwell Publishing, 2003.

［2］Vygotsky. *Mind in society: The development of higher psychological processes*［M］. Cambridge: Harvard University Press, 1978.

第三节　Initiation阶段的教学案例

Newspaper-reading with 21st Century

一、学习目标与任务

（一）学习目标描述

1. 知识目标

（1）宏观上了解奥运火炬接力的路线及相关信息。

（2）细节上了解珠峰火炬接力。

2. 能力目标

（1）运用所给知识，对于所给话题表达观点。

（2）英语报刊阅读技巧：寻读和略读（skimming and scanning）。

（3）处理报刊信息并进行信息输出。

3. 德育目标

为奥运加油，培养热爱祖国的情怀。

（二）学习内容与学习任务说明

本节课的内容：奥运火炬接力相关信息，报刊阅读技巧。

学习重点：阅读文章，找出关键要素，掌握细节（skimming and scanning）。

学习难点：分析信息并且基于所得信息表达观点。

明确本课的重点和难点，注重方法，加强对学生阅读能力和表达能力的训练。

抓住本节课的重点和难点，采取阅读技巧训练与口语表达相结合的教学模式，突出重点，突破难点。

二、学习者特征分析

（1）学生已具有一定的阅读理解和听说能力。

（2）学生具有一定的分析处理信息能力，具有表达欲望。

（3）学生已经形成自身强烈的爱国情绪。

三、学习环境选择与学习资源设计

1. 学习环境

Web教室、多媒体教室、Internet。

2. 学习资源

课件（网络课件）。

3. 学习资源内容简要说明

（1）《21世纪英文报》文章一篇。

（2）相关视频材料，话题讨论，信息处理以及讨论。

四、学习情境创设

真实性情境：通过视频再现课文内容，给学生提供理解文章的真实材料。

问题性情境：通过提出略读和寻读相关问题引导学生学习报刊阅读技巧。

五、学习活动的组织模式

1. 自主学习设计

类型	相应内容	使用资源	学生活动	教师活动
听说互动式	奥运火炬接力	火炬接力歌曲以及视频，报刊以及网络报刊阅读材料、图片	口语表达，阅读理解，讨论展现	介绍相关背景信息和阅读技巧，提问式引导

2. 协作学习设计

类型	相应内容	使用资源	分组情况	学生活动	教师活动
协同	小组合作	课件、视频、相关问题	每组6人	个人口语表达，分组合作讨论	组织分组以及小组竞争，引导、启发和提问

六、学习评价设计

测试形式：堂上提问、书面练习、合作完成作品。

七、教学过程

步骤	教师行为	学生行为	设计意图
课堂准备	事先布置口语练习话题，公布学生分组夺取旗帜的游戏形式	轮到的学生准备口语表达展示，其他学生了解话题内容	激发学生回答问题的兴趣，让学生熟悉本课话题
情境导入	1.播放奥运火炬接力歌曲。 2.播放报刊课文相关视频（珠峰火炬接力）。 3.邀请火炬手表达感想。 4.提出"如果你是火炬手"话题来讨论	1.欣赏歌曲、图片，努力听出歌词内容，进一步了解课文主题。 2.火炬手表达感想。 3.就"如果你是火炬手"话题来讨论	用真实情境将学生导入本课主题，让学生了解背景知识
操作探讨	1.介绍略读技巧，学会寻找导语。 2.根据文章六要素给出表格。 3.介绍寻读技巧。 4.针对细节理解提出的六个问题	1.快速略读课文导语。 2.找出文章六要素。 3.寻读全文，根据关键词寻找细节信息。 4.小组竞答	1.训练学生略读和寻读报刊的阅读技巧。 2.培养学生小组合作和竞争意识 3.从宏观和细节了解奥运火炬珠峰传递
知识应用	1.给出《21世纪英文报》网络文章 2.根据文章五要素给出表格	1.快速略读课文导语 2.找出文章五要素 3.小组竞答	1.复习前文所学略读技巧。 2.培养学生小组合作和竞争意识。 3.从宏观上了解火炬传递路线以及相关信息
课外创新	1.设置三个寻读细节问题。 2.组织学生小组讨论，画路线图并展示	1.小组讨论寻读细节。 2.小组讨论火炬接力。画路线图，并派出代表展示	1.复习前文所学寻读技巧。 2.培养学生分析信息、输出信息能力，以及小组合作和竞争意识。 3.从细节上了解火炬传递路线以及相关信息

步骤	教师行为	学生行为	设计意图
课堂小结	总结讨论结果、本课主题以及所学报刊阅读技巧，布置技巧训练作业，表达对奥运的美好祝愿	自我总结，思考和讨论作业题，表达对奥运的美好祝愿	通过总结，完成本课教学，并使学生学会运用报刊阅读技巧，培养学生的爱国情感

Unit 14 I have a dream

Part I : Analysis of the Teaching material

I. Status and function

This lesson is a reading passage. It plays an important part in the English teaching of this unit, because we should lay emphasis on the Students'（以下简称 "Ss"）reading ability in Senior English teaching. The function of this text is to talk about how Martin Luther King fought for equal rights of blacks. It provides lots of information about Kings' life, his dream and his success. The Ss could also receive some moral education from it. So if the Ss learn this lesson well, it will be very helpful to develop the Ss' reading ability and to learn the rest of this unit.

II. Teaching aims

Knowledge aim: To let the students master the new words and expressions in this period and learn more about Martin Luther King.

Ability aim: To improve the Ss' reading skills of analyzing the text and summing up the main idea of the paragraphs and the whole text.

Moral aim: To let the Ss learn the fine qualities of Martin Luther King and train them to become a more responsible citizen of our country.

III. Teaching key points

To help the Ss have a clear understanding of Kings' life, his belief his dream and his success and try to retell a person's life story in time order.

IV. Teaching difficulties

（1）How to analyze the text, grasp the main idea of this passage.

（2）How to master the key words and expressions and how to use them freely.

V. Teaching aids

A multimedia, the blackboard.

Part II: Teaching theories & methods

I. Teaching theories

☆ **C.E Asslay:** The best English classes are the classes which are not only teacher-conducted but the student- centered.

☆ **B.J Krumn:** A successful language class teaching is to create lively language atmosphere in the class and to give Ss chances to put what they have learnt into use.

II. Teaching methods

(When I deal with this lesson, I'll try my best to carry out the above theories and make sure that my students the real masters in the class while I-the teacher acts as a director.)

☆ To use fast and careful reading to improve the Ss' reading ability.

☆ To use task-based method to improve the Ss' comprehensive ability.

☆ To use the discussion method to arouse the Ss' interest in equal rights.

Part III: Teaching procedures

According to the demands in the outline of senior English and some other reference books, I have designed the following teaching steps in order to train the Ss' synthetic ability of listening, speaking, reading and writing and lay particular emphasis on training the Ss' reading ability. (I will deal with this lesson in four steps: ① Lead in，② reading，③ summary，④ assignment.)

Step I. Lead-in (5minutes)

Show some pictures flash and listen to the speech.

Questions:

（1）Who made the speech? (Martin Luther King)

（2）What's the name of the speech? (I have a dream)

（3）Can you say something about the person?

(This activity will get the students interested in the topic. Students can practice their spoken English as well. If the Ss' interest is aroused, it's time to deal with the reading passage.)

Step II. Reading (**33** minutes)

This section includes three steps: fast-reading, careful-reading, and consolidation.

A. Fast-reading (8 minutes)

（1）Scan the reading passage and decide which of the following sentences are true.

① Martin Luther King went to university when he was eighteen. （F）

② Black people refused to take buses for more than 18 months. （F）

③ Rosa Parks was arrested for hitting a white man. （F）

④ The Civil Rights Act was passed in 1965. （F）

(This part is meant to train the Ss' reading skills like scanning for detail.)

Main idea of each paragraph

Paragraph	Main Idea
2	the background of the speech
6	King's action against racial discrimination
1	the famous speech "I have a dream"
3	Martin Luther King's message
8	King's death
7	King's success
4	King's opinion
5	Rosa Parks' event

（2）Main idea for each paragraph.

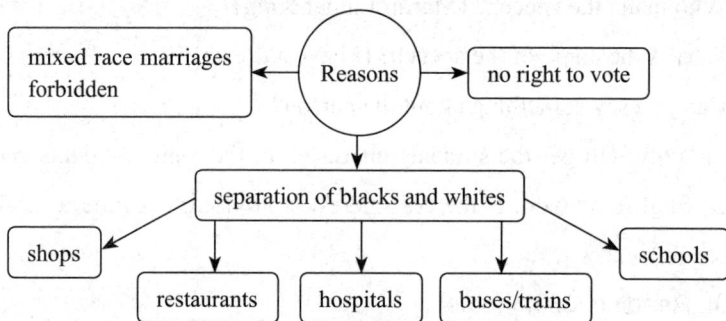

(This part will help the students analyze the passage and find out the main idea.)

B. Careful-reading (15 minutes)

(The main body is about four things of Martin Luther King: ①the background of his fight，②his life，③his belief，④his achievements of non-violent demonstration, so I design the following four tasks. Ss have to deal with the text one paragraph by one paragraph so as to finish the tasks.)

Listen to the passage and read it carefully to finish the tasks.

Task 1. (*about his life*) What happened in the following time?

1929	King was born
1955	Rosa Parks' event
1963	give the speech "I have a dream"
1964	King received the Nobel Prize for Peace
1964	Civil Rights Acts was passed
1965	Voting Rights Bill became law
1968	King was murdered

Task 2. (about the background) Talk about the reason why Martin Luther King fought for civil rights for black people? What's his attitude towards this situation? (Para 2~4)

Task 3. (*his belief and peaceful action*) Talk about King's non-violent demonstration. (Para 5~8)

☆ Rosa Parks' event (Para 5)

Rosa Parks, a black woman, sat down in the "Whites-only" section in a bus and refused to stand up for a white man. She was arrested by police. King led a boycott of the bus company.

Questions: What do you think of Rosa Parks? Was she brave?

What can we learn from her?

☆ King believed he could reach his goal through peaceful actions, not through violence. Give three examples of such peaceful actions. (Para 6~7) (make speeches / march on/boycotts)

Task 4. (*his success*) What achievements did he make by such actions? (Para 8)

In this step, I'll divide the Ss into 4 groups (boys and girls) and let them have a competition.

(After answering the questions, they will have a clear understanding of the whole passage.)

C. Consolidation (10 minutes)

☆ Language points

treat... as / forbid sb. to do, forbid doing sth. /set and example to/demand

(This step can help Ss master the key words and useful expressions in this passage.)

☆ Further discussion (Ss will be divided into four groups in this activity.)

What can we learn from Martin Luther King? (brave, never give up...)

(This step aims at helping the Ss to fully understand the text by debating and thinking critically. Students may be interested in this step and put what they have learnt into uses.)

Step III. Summary (7 minutes)

Task: To ask the Ss to retell the story of Martin Luther King, with the help of the time and words listed in the blackboard. (Teacher writes the years and the key words on the blackboard and gives the students some time to finish the task. That is also my blackboard design.)

(This step helps to train the Ss' ability of retelling a person's life story in time order.)

Step IV. Homework (**1 minutes**)

Get some information about Martin Luther King on internet if possible.

Write a short passage of Martin Luther King.

Part IV: Blackboard design

	Unit14 I have a dream	
1929	1963	his dream
1944	1664	his belief

(Since multi-media computer slides will be used, my blackboard design is very simple.) That's all.

第二章

Imbibition 阶段：
读思结合促成长

第一节　深度思考与教学策略

高中英语文学阅读中的思维型课堂教学策略与效果

　　文学作品作为社会意识形态的载体，不仅以语言为工具形象地反映生活，更深刻地表达了作者对社会现象的认识与情感，对人生的思考与感悟。文学作品是作者创造性思维和形象思维的结晶，其内涵丰富，形式多样，为培养学生的思维能力提供了独特的途径。

　　在高中英语文学阅读教学中，教师的任务不仅是传授知识，更重要的是引导学生发展批判性思维、创造性思维和分析性思维。根据布鲁纳的"螺旋式课程"理论（1960），教育应通过不断增加复杂性的方式，让学生逐步深入理解知识，培养高级思维能力。文学作品的课堂教学应当以思维培养为核心，通过引导学生深入分析人物形象、社会背景、时代特征以及生活环境，培养学生对作品深层次含义的理解与感悟。

　　有效的文学作品课堂教学需要教师精心设计教学活动，使学生能够通过人物对话和独白深入体会作者对人物内心情感的塑造，进而通过对人物形象特点的理解，感悟作品主题，剖析故事背后的深层含义，并形成自己独到的观点和见解。这种以思维培养为目的的教学模式，不仅能够提升学生的文学素养，还能够锻炼和发展学生的思维能力。

一、文学作品课堂教学现状

1. 教法单一陈旧，不能激发学生的学习兴趣

伟大的科学家爱因斯坦说过："兴趣是最好的老师。"优秀的文学作品往往渗透着作家强烈的情感。可是许多教师在教学设计中，却忽略了文学作品的渲染力，把文学作品简单地处理成文字材料，通过学习词汇、翻译句子、讲解语言点的方式进行授课，学生感到味同嚼蜡。对于学生来说，这部作品只不过是词汇训练的工具。这样的教学方式很难激发学生的学习兴趣，更不可能促进学生思维。

2. 忽略整体阅读，教学过程简单化

人教版英语教材（选修8）Unit 4 My Fair Lady 改编于英国现实主义戏剧作家萧伯纳的作品《卖花女》(Pygmalion)。课文教材部分仅编排两幕，另外的三幕编排成课后练习。文学阅读不等同于一般的作品阅读。文学作品的灵魂在于跌宕起伏的故事情节，在于随着情节推移而产生的微妙的人物心理变化。一些教师为了保持教学进度，往往会忽略课后练习。课文教学则流于形式，首先略读1~2分钟，要求学生回答文章主题。然后分段细读，设置简单的问答环节、课文内容填空或者是T or F，最后进入知识点讲解。试想想，没有经过完整的阅读，学生如何能够在1~2分钟体会作品所反映的深度。没有文本认知的过程，学生不可能产生认知冲突，也不会有机会形成对文本认知的自我建构。设置不需要经过深思熟虑的问题，浪费了学生的时间，无法让学生得到思维上的锻炼，这样的课堂教学看似布局完整，实则空无一物。

3. 缺乏学习，教师的专业素养不足

"夫欲使人能悉知之，能决信之，能率行之，必昭昭然知其当然，知其所以然，由来不昧，而条理不迷。贤者于此，必先穷理格物以致其知，本末精粗，晓然具著于心目，然后垂之为教，随人之深浅而使之率喻于道，所以遵其教，听其言，皆去所疑，而可以见之于行。"课程标准明确地要求：教师要转变观念，更新知识，不断提高自身的综合素养。但是个别教师缺乏不断学习的精神，不进行广泛阅读，自身知识结构没有得到提高，课堂教学凭借教参，按步照搬，照本宣科，缺乏创新。试想想，教师如果没有提高自己的文学素养，没有对文学作品的深度思考和剖析的能力，如何在课堂教学中创设情境以激发

学生的思维？

二、高中英语文学阅读思维型课堂教学有效性的建议

课堂教学是教学的基本形式，优质、高效的课堂教学是促进学生有效学习的基本前提条件。一节有效的文学阅读思维型课堂包括教师的有效引导、学生对文本的充分认知，以及学生在产生认知冲突后的思辨过程，即在阅读中批判，在批判中求证，最后形成自己独立的思想。这种学生从感知文本、理解文本、迁移知识到反思总结的过程就是学生思维自我建构的过程。要上好一节文学阅读课，达成学生独立思考、发展探究性思维的目标，教师必须有清晰的教学目标、充分的教学准备以及多元创新的课堂。

1. 合理选材，有效探究

北师大版的每本教材中都设有Literature Spot。相比较北师大版课文内容，这些文学作品的语言更加丰富，故事更加引人入胜。在教学进度的局限性中，教师要大胆取舍，在安排教学时间时，大胆放弃或略讲教材中过时、枯燥的文本，而细读详讲Literature Spot中的文学作品。例如，北师大版英语教材（必修1）Unit 3 Lesson 4 Christmas显得太过浅显。由于网络电视的宣传，学生对圣诞的习俗已经非常了解，而且初中的教材也早已经介绍过圣诞节的相关知识，可是在圣诞节里除了装饰圣诞树、吃火鸡、送礼物、爬烟囱以外，还有什么特殊的意义呢？与其选择Unit 3 Lesson 4 Christmas，不如选择Literature Spot中英国批判现实主义小说家狄更斯的*Christmas Carol*《圣诞颂歌》。小说通过对守财奴Scrooge的描写，表达了对资产阶级拜金、利己思想的批判和讽刺，同时真实地反映了中下阶层人民的贫苦生活，最后用浪漫主义手法表现出了人间的温情和道德感化的力量。通过对比和取舍，我们才能将教材合理化。除此之外，由于各版本教材中的文学作品都很少，教师可以选用不同版本的文学作品或其他文学材料进行适当的补充，或者可以让学生反复阅读。俗话说，书读百遍其意自见。在反复阅读的过程中，我们会从新的视角体会人物心理，更好地感悟作品的内涵。而作为教师，在把作品推荐给学生之前，必须进行认真阅读，反复探究；在阅读课上，充分利用文学阅读材料，培养学生思维。

2. 作品认知，鼓励创新

文学作品本身的丰富性和多样性决定了文学作品教学应该把握完整性和

多元化原则。首先，在阅读教学过程中，必须遵循整体—部分—整体的教学模式。略读Skimming的方式并不适用于文学阅读，教师不能把文学作品阅读的完整性随意化、省略化。其次，莎士比亚说过，一千个人心中就有一千个哈姆雷特。即使是同一部作品，学生也会从不同角度切入，有自己不同的解读。教师要积极发展学生思维的独特性，对于学生的不同看法、大胆思维予以鼓励。只有在自由畅达的课堂里，才能更好地培养学生的学习兴趣，激发学生的创新思维，让学生更好地感受文学作品的魅力。最后，由于不同年代社会背景的差异、中外思维方式的不同，以及心理年龄层次的不同等因素的存在，学生在阅读文学作品时，试图用自己原有的认知和经验去理解文本内容，当无法理解时，就产生了认知冲突。产生冲突的课堂是学生思维能力发展的摇篮。因为在这个时候，学生为了重新达到认知平衡，必定要打破旧的认知平衡重新建构新的认知平衡，这个过程就是思维活动和发展的过程。心理学家皮亚杰认为："个体的认知发展是在认知不平衡时通过同化或顺应两种方式来达到认知平衡的，认知不平衡有助于学生建构自己的知识体系。"所以，教师巧妙地利用学生的"认知冲突"，提供给学生思维的动力，激发学生解决问题的愿望，使文学阅读课堂彰显跌宕起伏的美感。

3. 自主建构，活动思维

德国教育家第斯多惠说过："发展与培养不能给予人或传播给人，谁要享有发展与培养，必须用自己内部的活动和努力来获得。" 教师在这个过程中应该进行适时的引导。首先，搭建知识框架。具体包括时代背景、作者生平、写作风格、表现手法、文学作品的叙事要素、人物关系及人物心理等。教师不要为学生设计具体简单的问题，这些问题对学生思维培养的效果几乎为零。其次，独立探究。指导学生利用思维导图，实现结构化思维，使信息得到有效整理，使得冗长的内容变成精致的珍珠，有序地串联起来，为学生进行反复阅读做好铺垫。最后，合作学习。利用小组合力，分析和解决独立思考过程中所遇到的难点和疑问。在交流思想、发表意见的过程中，形成自己新的观点，实现知识能力自我建构的过程。

综上所述，在文学阅读思维型课堂的教学中，学生思维能力的促进与培养不仅依赖于教师的教学策略和方法，更重要的是取决于教师自身思维能力的提高。教师作为教学活动的引导者和设计者，其思维水平的高低直接影响着教学效果和学生思维能力的发展。因此，教师需要不断学习，更新知识，提升自己的思维能力，以更好地引导学生进行深入的文学阅读和思考。

在有效的文学阅读思维型课堂中，教师可以充分利用信息化技术，如多媒体、网络资源等，多渠道、多角度地展示文学作品，创设丰富多样的学习情境，激发学生的阅读兴趣，拓宽学生思维和视野。例如，教师可以在课上使用视频、音频材料，展示作品的时代背景、作者生平等信息，帮助学生更好地理解作品内容和主题。

此外，教师还可以在课后组织戏剧作品表演、文学作品讨论会等活动，让学生在实践中深化对作品的理解，锻炼表达和交流能力。通过这些活动，学生可以将课堂上学到的知识与自己的思考结合起来，形成自己的见解和观点，从而促进思维能力的多元化发展。

在教学过程中，教师对学生的表现要给予适时的赞赏和鼓励，这不仅能够增强学生的自信心，还能够激发学生的学习动力和兴趣。同时，教师需要有效地进行评价，及时反馈学生的学习情况，帮助学生认识到自己的优势和不足，明确今后努力的方向。

总之，教师通过自身思维能力的提高、教学策略的创新、信息化技术的应用以及课后活动的组织，可以有效地促进和培养学生的文学阅读思维能力，实现学生思维能力的多元化发展，实现既定的教学目标。

参考文献

［1］Bruner. *The process of education*［M］. Cambridge, Massachusetts: Harvard University Press, 1960.

［2］王宁.文学阅读与思维能力培养：高中英语教学的实践与思考［J］.外语界，2010（5）：45-49.

［3］张莉.高中英语文学阅读教学的思维培养策略［J］.教育导刊，2012（10）：52-55.

［4］李红梅.高中英语文学作品教学中思维能力的培养［J］.教育理论与实践，2015，35（2）：74-77.

［5］赵丽华.文学阅读在高中英语教学中的作用与挑战［J］.教育探索，2016（3）：47-49.

［6］陈晨.高中英语文学阅读教学中批判性思维的培养［D］.北京：北京师范大学，2018.

［7］兰春寿.基于思维过程的高中英语文学阅读思维型课堂教学架构［J］.课程·教材·教法，2015（12）：82-89.

［8］陈振金，周大明.高中英语文学阅读思维型USE教学模式的构建与实践［J］.福建基础教育研究，2014（10）：59-61，76.

［9］孙志英.高中英语思维型文学阅读教学的思维特征分析［J］.吉林教育，2015（10）：67.

［10］林雅菁.高中英语思维型阅读教学模式初探——以A Night The Earth Didn't Sleep课文为例［J］.福建基础教育研究，2013（10）：68-70.

［11］郑易.浅谈高中英语思维型阅读教学模式——以Should cloning be allowed? 公开课为例［J］.课程教育研究，2013（31）：75-76.

高中英语思维型文学阅读教学策略的分析与应用

在高中英语教学领域，思维型文学阅读作为一种创新的教学模式，正逐渐受到教育者们的关注。该模式旨在利用英语名著节选篇章，不仅传授语言知识，更深入地渗透英语思考问题的思维模式。通过多方位、全角度的训练，旨在全面提升高中学生的思维能力，包括批判性思维、创造性思维和分析性思维。

阅读作为高中学生接触英语的主要途径，其重要性不言而喻。然而，高中学生在批判性赏析英语美文方面的能力尚显不足，他们往往以理解文本内容为主要目的。因此，教学的重点应转向提高学生的英语阅读能力，并在此基础上，重点培养他们的概括、比较、综合分析和整体把握文章的能力。

为了实现这一目标，教师需要设计以学生为中心的教学活动，鼓励学生主动探索、提问和思考。根据布鲁纳的学习理论（1966），学习是一个主动构建知识的过程，教师的角色是引导者而非知识的传递者。此外，维果茨基的社会文化理论（1978）强调了社会互动在认知发展中的作用，指出通过与他人的合作学习，学生能够达到更高的认知水平。

本文将探讨思维型文学阅读教学的思维特征，并分析如何通过教学策略促进学生思维能力的发展。通过实证研究，本文旨在为高中英语文学阅读教学提供理论支持和实践指导。

一、高中英语思维型文学阅读的现状与原因分析

在高中英语教学中，文学阅读作为培养学生语言运用能力和思维品质的重要途径，其实施现状并不理想。本文将从三个方面对这一现状进行分析，并探讨其背后的原因。

1. 形式单一，课堂缺乏趣味

当前高中英语文学阅读教学普遍存在形式单一的问题。一些课堂的阅读教学仍然停留在单词、句子、篇章的翻译和讲解层面上，未能充分挖掘文学阅读的趣味性和探索性。这种单一的教学模式很难激发学生的学习兴趣和参与热情，导致课堂氛围沉闷，学生缺乏主动学习的动力。

原因分析：①教学资源有限。由于受教学资源和条件限制，教师难以设计多样化的教学活动。②应试教育影响。高中阶段的英语教学往往受制于应试教育的压力，导致教学内容和方法过于注重考试成绩，忽视了学生兴趣的培养。

2. 教学形式化，缺乏文学精髓的挖掘

英语文学阅读教学往往过于形式化，忽视了对文学作品精髓的挖掘。许多教学活动仅仅为了完成阅读任务而进行，缺乏对名著深层价值的探究。名著之所以成为经典，不仅在于其语言的优美和情节的引人入胜，更在于其深刻的思想内涵和独特的艺术魅力。

原因分析：①教学目标偏颇。教学目标可能过于侧重于语言知识的传授，而忽视了文学素养和思维能力的培养。②教师专业发展不足。部分教师缺乏对文学作品深入理解和分析的能力，导致教学内容流于表面。

3. 思维模式固化，理解层次有待提高

在英语文学阅读中，学生的思维模式往往固化，缺乏深度和广度。这种固定的思维模式限制了学生对文学作品的多元解读和创造性思考，影响了他们对作品深层次意义的理解。

原因分析：①传统教学观念影响。传统的教学观念强调标准化和一致性，不利于学生个性和创新思维的发展。②缺乏批判性思维训练。教学过程中缺乏对学生批判性思维的培养，学生习惯于接受而非质疑和探索。

4. 文学阅读与思维能力培养脱节

尽管文学阅读是培养学生思维能力的重要途径，但在实际教学中，文学阅读与思维能力的培养往往脱节。学生在阅读文学作品时，更多地关注语言知识的积累，而非通过文学作品来训练和提升自己的思维能力。

原因分析：①教学内容与目标不匹配。文学阅读的教学内容可能与思维能力培养的教学目标不一致，导致两者难以有效结合。②评价体系单一。现有的评价体系可能过于侧重于语言知识的掌握，而忽视了对学生思维能力的评估。

5. 学生阅读习惯和能力有待提高

高中学生的阅读习惯和能力也是影响文学阅读教学效果的重要因素。一些学生缺乏良好的阅读习惯，阅读量不足，阅读理解和分析能力有限。

原因分析：①阅读兴趣缺失。由于应试教育影响，学生对阅读缺乏兴趣，不愿意主动阅读。②阅读指导不足。学校和教师可能未能提供有效的阅读指导，帮助学生建立良好的阅读习惯和提高阅读能力。

高中英语思维型文学阅读教学的现状并不理想，存在形式单一、教学形式化、思维模式固化等问题。这些问题的产生与教学资源、教学观念、教师专业发展、教学目标与评价体系等多方面因素有关。要改善这一现状，需要从多个角度入手，包括更新教学观念、丰富教学资源、加强教师培训、改革教学内容和评价体系等。通过这些措施，可以为学生创造一个更加丰富、有趣、富有启发性的文学阅读学习环境，从而有效提升他们的语言运用能力和思维品质。

二、英语文学阅读的利弊分析

英语文学阅读作为一种教学手段，在高中英语教学中扮演着重要角色。它不仅能够提升学生的语言能力，还能在文化、认知等多方面对学生产生积极影响。然而，这一教学手段也存在一些弊端，值得我们深入探讨。

（一）英语文学阅读的益处

1. 激发学生学习兴趣

英语文学阅读能够激发学生的学习兴趣。文学作品以其丰富的情节、鲜明的人物形象和优美的语言吸引学生。通过阅读文学作品，学生能够体验到语言的魅力，从而增强学习英语的兴趣和动力。

情感投入：文学作品能够唤起学生的情感共鸣，增加他们对英语学习的情感投入（Dahl，2004）。

故事驱动：故事性是文学作品的基本特征，能够驱动学生持续阅读，提高学习动机（Krashen，1985）。

2. 开阔视野，丰富世界文化知识

英语文学阅读有助于学生开阔视野，了解不同国家和民族的文化。文学作品往往反映了某一时期的社会背景和文化特色，通过阅读，学生能够接触到世界各地的文化知识，增进对不同文化的理解和尊重。

文化理解：文学作品是文化传承的重要载体，通过阅读可以增进学生对不同文化的理解（Appleyard，1991）。

跨文化交际：了解不同文化背景的文学作品有助于学生发展跨文化交际能力（Byrnes，1996）。

3. 提高阅读理解能力

英语文学阅读能够提高学生的阅读理解能力。文学作品中的隐喻、象征等修辞手法要求读者进行深入思考和解读，这有助于培养学生的批判性阅读和理解能力。

语言解码：学生在阅读文学作品时需要解码复杂的语言结构，这有助于提高语言理解能力（Grabe & Stoller，2002）。

批判性思维：文学作品中的多义性和开放性结局要求读者进行批判性思考，从而培养批判性思维（Fisher，2005）。

4. 扩大词汇积累，提高语言运用能力

英语文学阅读有助于扩大学生的词汇积累，提高语言运用能力。文学作品中丰富的词汇和多样的表达方式有助于学生增加词汇量，提高语言运用的灵活性和创造性。

词汇习得：在阅读过程中，学生能够自然习得新词汇，扩大词汇量（Laufer，1997）。

语言风格：接触不同风格的文学作品有助于学生理解和掌握多样化的语言风格（Carter & McRae，1996）。

（二）英语文学阅读的弊端

1. 学习费时费力，增加英语学习困难

英语文学阅读可能会给学生带来额外的学习负担。文学作品的语言往往较为复杂，需要学生投入更多的时间和精力去理解和消化。

认知负荷：文学作品中复杂的语言结构和隐喻可能会增加学生的认知负荷（Chapelle，1997）。

学习挑战：对于英语水平较低的学生，文学作品的阅读可能构成较大的学习挑战（Hirvela，2000）。

2. 可能使学生丧失原有的兴趣

如果英语文学阅读的教学方式不当，会使学生丧失对文学作品原有的兴趣。例如，过度的分析和解读可能会削弱学生对文学作品的整体欣赏。

过度分析：过度的文本分析可能会使学生感到枯燥，降低阅读的乐趣（Appleyard，1991）。

教学方法：教学方法的选择对学生的学习兴趣有重要影响，不恰当的教学方法可能会使学生失去兴趣（Dahl，2004）。

英语文学阅读在高中英语教学中具有重要的价值和作用，它能够提高学生的学习兴趣，开阔学生视野，丰富学生文化知识，提高学生阅读理解能力和语言运用能力。然而，这一教学手段也存在一些弊端，如可能增加学生的学习负担，不当的教学方法可能会使学生丧失兴趣。因此，在实施英语文学阅读教学时，教师需要综合考虑学生的实际水平和兴趣，采用合适的教学策略，以最大限度地发挥文学阅读的积极作用，同时避免其潜在的弊端。

三、高中英语文学阅读的思维训练及对学生的培养

在高中英语教学中，文学阅读不仅是一种语言学习活动，更是一种思维训练过程。通过文学阅读，学生可以培养和发展多种思维方式，这对他们的语言能力提升和认知发展具有重要意义。

（一）中英思维差异与文化理解

1. 中英思维差异的影响

中英思维差异是制约英语文学阅读理解的首要因素。不同的文化背景、价值观、世界观和宗教信仰会导致学生在理解英语文学作品时遇到障碍。例如，

英语中的动物拟人化表达方式，如果用中式思维直接翻译，就会产生误解。

文化差异：文化差异对语言理解和思维模式有显著影响（Nida，1964；Whorf，1956）。

桥梁搭建：Johnson的观点（1993）强调了在已知和未知之间建立联系的重要性，这需要跨文化理解和适应。

2. 培养英式思维的重要性

在英语教学中，教师应着重培养学生的英式思维，帮助他们理解不同文化的魅力，从而提高阅读理解能力。

跨文化能力：培养学生的跨文化交际能力是英语教学的重要目标（Byram，1997）。

文化适应：通过文学阅读，学生可以更好地适应目标语言文化，理解其价值观和行为模式（Kramsch，1993）。

（二）离散及聚合思维的培养

从逻辑学的角度来说，英语思维是认识的理性阶段。在英语文学阅读中，学生需要从整体上把握文章，再关注文章的各个部分。

整体与部分：整体性思维有助于学生理解文章的主旨，而对部分的关注则有助于深入理解细节（Toulmin，1958）。

逻辑结构：英语文学作品通常具有严密的逻辑结构，学生需要通过聚合思维来把握这种结构（Walton，1989）。

（三）批判性思维的激发

批判性思维是思维发展的基础。在文学阅读中，教师应鼓励学生质疑常规思维模式，养成多角度思考问题的习惯。

质疑精神：培养学生的质疑精神，有助于他们发展独立思考的能力（Paul，1995）。

多元视角：鼓励学生从不同角度看待问题，可以激发他们的创新思维（Williams，1996）。

（四）模拟、联想思维的运用

在英语文学阅读中，学生需要学会模拟和联想，总结出一类问题的英语思维模式。

模式识别：通过识别题目的模式，学生可以更快地找到解题思路

（Chomsky，1965）。

同义替换：正确选项往往是原文的同义替换，这要求学生具备高度的语言敏感性和联想能力（Laufer，1997）。

（五）直觉思维的培养

直觉思维在文学阅读中也扮演着重要角色。学生在解题过程中，通过不断的积累和总结，建立起英语思维，能够根据语言特点排除干扰选项。

直觉与逻辑：直觉思维并非无根据的猜测，而是基于逻辑和经验的快速判断（Einstein，1916）。

干扰排除：学生通过培养直觉思维，能够识别并排除题目中的干扰选项，提高解题效率（Glaser，1989）。

高中英语文学阅读的思维型培养对学生的语言能力提升和认知发展具有重要意义。通过文学阅读，学生可以了解中英思维差异，培养跨文化理解能力；发展离散及聚合思维，提高逻辑分析能力；激发批判性思维，培养独立思考的习惯；运用模拟、联想思维，提高语言敏感性和解题能力；发展直觉思维，提高解题效率。教师在教学中应注重这些思维方式的培养，帮助学生建立英语思维，提高他们的文学阅读能力和整体英语水平。

四、教学实施建议

首先，根据高中英语文学阅读的思维特征，着重培养学生思维能力。其次，利用英语文学阅读的利，避免其弊。

（1）思维训练。针对英语高考故事及人物类的题型可能涉及的文学作品，模拟思维，总结题型，专项针对练习。

（2）了解英语文学背景。例如，马丁·路德·金的演讲稿 *I Have A Dream*《我有一个梦想》，它主要涉及黑人民族和平，可以从该背景入手，引入美国当时的自由、人权等问题，由此再进行文章的阅读，很容易就可以领会其精神。

（3）激发学生兴趣，丰富课堂形式。利用多媒体播放英语原声电影，既可以激发学生兴趣，缓解高中学习的紧张压力，又可以训练学生听力，寓教于乐，让学生在轻松的氛围中感悟英语文学的魅力。课下布置阅读电影相关的原著，积累美词美句，提高英语文学阅读的能力。

（4）教师搜集一些优美的，与高中学生英语阅读水平相等的英语文学作品，选取其中一些典型的段落指导学生进行文学阅读。首先，引导学生从故事情节入手，重点关注故事大意、故事情节、关键人物的特点、事件发生的顺序、人物描写的特色，总结典型的句式并分析。其次，对学生在大致阅读后提出的问题做精细的回答。最后，布置课外自主阅读任务。

英语文学作品中留给我们的思想、经验、象征、幻想和理想，是丰富的精神财富。培养思维，进行思维训练也就成了英语教学的新方向。高中学生已具备一定的英语思维，教师在高中英语阅读教学中应着重关注如何引导其进行思考推理，而不是思考什么。利用发散思维，使思维型英语文学阅读教学有更高层次的进步。

参考文献

［1］王宁.高中英语文学阅读教学中思维能力的培养［J］.外语界，2010（5）：45-49.

［2］张莉.思维型教学法在高中英语文学阅读中的应用［J］.教育导刊，2012（10）：52-55.

［3］李红梅.文学阅读与高中学生批判性思维能力的培养［J］.教育理论与实践，2015，35（2）：74-77.

［4］Bruner. *Toward a Theory of Instruction*［M］. Cambridge：The Belknap Press of Harvard University Press, 1966.

［5］Vygotsky. *Mind in Society: The Development of Higher Psychological Processes*［M］. Cambridge：Harvard University Press, 1978.

［6］Gardner. *Frames of Mind: The Theory of Multiple Intelligences*［M］. New York：Basic Books, 1983.

［7］Dahl. The power of reader response in the foreign language classroom［J］. *International Journal of Educational Research*, 2004，41（4），220-232.

［8］Krashen. *The input hypothesis: Issues and implications*［M］. London：Longman, 1985.

［9］Appleyard. *Becoming a reader: The experience of fiction from childhood to adulthood*［M］. Cambridge：Cambridge University Press, 1991.

［10］Byrnes. *Classroom perspectives on language teaching*［M］. Boston：

Heinle & Heinle, 1996.

[11] Grabe, Stoller. *Teaching and researching reading* [M]. New York: Pearson Education, 2002.

[12] Fisher. Critical thinking in the foreign language classroom：Engaging the critical imagination [J]. *Foreign Language Annals*, 2005，38（3）：423-439.

[13] Laufer. The lexical plight in second language reading：Words you don't know, words you think you know, and words you can't guess. In J. Coady & T. Huckin (Eds.), *Second language vocabulary acquisition* [M]. Cambridge：Cambridge University Press, 1997.

[14] Carter, Mcrae. Language, literature and the learner：Creative classroom practice [M]. London：Longman, 1996.

[15] Johnson. *The body in the mind: The bodily basis of meaning, imagination, and reason* [M]. Chicago：University of Chicago Press, 1993.

[16] Byram. *Teaching and assessing intercultural communicative competence* [M]. Clevedon：Multilingual Matters, 1997.

[17] Kramsch. *Context and culture in language teaching* [M]. New York：Oxford University Press, 1993.

解读高考阅读语篇，提高学生英语阅读思维能力

在当代教育体系中，高考作为一项重要的选拔机制，对学生的未来发展具有深远的影响。英语作为高考的重要组成部分，阅读能力的高低直接关系到学生的高考成绩。因此，深入解读高考阅读篇章，探索有效提升学生英语阅读思维能力的方法，对于高中英语教学具有重要意义。

本文将从四个维度全面探讨此议题。首先，分析近几年高考的大背景，探讨高考改革对英语阅读能力要求的变化；其次，识别并剖析高考英语阅读中出现的问题，如题型设置、时间管理、阅读策略等方面的挑战；接着，提出针对

性的对策，旨在帮助学生克服这些难题，提高解题效率；最后，分享几点个人的体会和实践经验，阐述如何在教学中有效培养学生的英语阅读思维能力。

通过对高考英语阅读篇章的深入解读，我们不仅能够更好地理解考试要求，还能够探索出一系列切实可行的教学策略，从而帮助学生在高考这一关键节点上发挥出最佳水平。以下是对这四个方面的详细阐述。

一、背景

（一）英语教学总目标

党的十九大提出了"立德树人"的总目标，外语教育要致力于培养"具有中国情怀、国际视野和跨文化沟通能力"的社会主义建设者和接班人。

（二）大纲对阅读理解的要求

考试大纲要求考生能读懂书、报、刊中关于一般性话题的简短文段以及公告、说明、广告等，并能从中获取相关信息。考生应能：

（1）理解主旨要义。

（2）理解文中具体信息。

（3）根据上下文推断单词和短语的含义。

（4）作出判断和推理。

（5）理解文章的基本结构。

（6）理解作者的意图、观点和态度。

我们可以看到，2017年的考纲出现了六点变化。①由"接触外语"变为"学习和使用外语"；②文章的主旨要义需从文章的字里行间进行推断→作者没有明示文章的主旨要义，需要读者从文章的字里行间进行归纳和概括；③作出简单判断和推理→根据所读内容作出判断和推理；④增加"阅读文章需要具备一定的语篇知识"；⑤必须对文章的结构有所了解，把握全篇的文脉→必须把握全篇的基本结构，厘清上下文的衔接关系；⑥考纲开始注重对中国传统文化的考查，中国传统文化元素将持续是热点。

二、问题（推理判断、归纳猜测能力欠缺）

下面来讲讲学生在高考阅读中存在的问题。

（1）从2016年到2018年高考英语全国I卷的阅读题型数量来看，细节理解题和推理判断题占了较大比重。

（2）我们可以将2018年高考英语阅读考点总结为四个方面：主旨要义、事实细节、推理判断和意思猜测。

（3）从某年全国I卷我校考生的数据来看，学生对细节理解题的得分率远高于推理判断题的得分率。由此可以看出，学生在英语阅读当中的推理判断和归纳猜测能力是比较欠缺的。

（4）我们通过在本校学生中进行调查发现，在英语阅读中，43%的学生词汇量不过关；42%的学生不会对文章进行归纳、推理和总结；9%的学生对阅读并无兴趣，常常是被迫阅读；3%的学生的阅读背景知识狭窄，影响他们对文章的理解；2%的学生不会灵活运用阅读策略；1%的学生阅读训练量不足。

（5）美国著名教育学家布鲁姆提出的思维能力金字塔（Bloom's Taxonomy）理论，一直指导着教育界不断进步，至今仍然是世界顶级大学教师的必修内容。最新的思维能力金字塔里，记忆、理解和应用是初级思维能力，分析、评价和创造思维能力是更高级的思维能力。思维能力金字塔，由下到上是越来越高级的思维能力。传统教育主要通过大量的标准式的练习来记忆和理解一些基础知识，比较少关注应用能力的培养，而分析和评估以及创造力的高级思维能力的培养就更少了。

（6）《普通高中英语课程标准（2017年版）》明确指出思维品质的概念：能辨析语言和文化中的具体形象，梳理、概括信息，建构新概念，分析、推理信息的逻辑关系，正确评判各种思想观点，创造性地表达自己的观点，具备多元思维的意识和创新思维的能力。

三、对策（教学设计是关键，语篇解读是抓手）

那么，如何培养学生的思维品质呢？接下来笔者将从三个方面阐述对策。

（一）语篇解读的重要性

首先，我们必须理解文本解读的重要性。教师对文本解读的水平的深度，正确与否，直接影响学生的学习效果和理解深度，具体包含学生的学习体验程度、认知发展的维度、情感参与的深度和学习成效的高度。

（二）语篇解读的内容

其次，我们要明确文本的解读包含哪几个方面。一是主题意义、主要内容，这是What，要学生明确应该从语篇当中读什么内容；二是文体结构和语言修辞，这是How，要理解作者是以何种方式呈现观点，表达想法的；三是作者意图和重申主题意义，通过What和How，对作者意图和价值进行提炼和升华。

（三）语篇解读的方式

最后，重点阐述文本解读的方式。下面从四个角度进行解析：文体特征、文本结构、语篇衔接与逻辑以及词汇衔接。

1. 文体特征

（1）信息类/应用文文体特征

信息类文本是指通知、通告、指南、广告，以及一组人物的介绍等。题材包括音乐戏剧、知识讲座、旅游路线、参观指南、购物指南、交通指南、名人介绍等。主要考查学生快速查读、获取具体信息的能力。这类文本常会出现人名、地名、组织机构等专有名词，有时还会出现个别较难的词，但不影响理解和解题。

（2）记叙文文体特征

记叙文文体的特征是叙述经历或讲述故事。其题材包括日记、游记、传说、新闻、通讯、趣闻逸事、寓言、传奇故事等。阅读这类文章，一要搞清"5W and 1H"，即何人、何时、在何地、因何原因、干了何事、结果怎么样，有何启示或感悟；二要弄清写作目的，作者写文章或讲故事必有其目的：或证明某一观点，或称赞某种美德，或谴责某种罪恶，或让人娱乐等，这些有时在文尾或文首会有所体现。

（3）说明文文体特征

说明文是用平实的语言客观地解说事物、解释现象、提供信息，给人以知识的文体。其题材包括实验报告、产品介绍、场馆介绍、社会现象分析，以及语言文化、人文地理、生物的生存状况等。说明方法有举例子、作比较、分类别、析因果、列数字、作引用等。科普类说明文常包含有结构复杂、句意深奥的长难句，因学术性强、抽象度高，解题的难度相对较大。

（4）议论文文体特征

议论文的功能就是说服他人、宣扬主张。说服读者接受某种意见或采取某种行为，目的是to persuade, to influence。阅读议论文的关键是抓论点，即作者的观点。体现论点的主旨句多在文首或文尾、段首或段尾。阅读这类文章，要弄清楚作者用哪些事实、例子和理由支撑其论点；理解作者旨在诉诸何种情感，即文本背后的价值取向。

（5）报道类文体特征

报道类文本是指就科技动态、社会现象或社会热点进行的新闻报道。报道的第一段通常是导语，体现文章主旨，然后根据事情发生的先后或重要程度叙述细节或具体过程。

2. 文本结构

接下来解释一下文本结构的起承转合。

"起"就是开头，提出主题，吸引读者关注主题。

"承"即承接上文，加以申述。

"转"即转折，用来表示不同或相反的情况，指出存在的矛盾和困难，提出疑问，常含有problem, difficult, tough, rough, unfortunate, but, however等词。

"合"即结论，引出解决问题的方法和建议。

3. 语篇衔接与逻辑（逻辑联系词）

包含：时间与空间关系、列举与引证、引申与转折、推论与归纳、原因与结果。

时间：afterwards, later, then, earlier, previous, meantime, next, last。

空间：above, adjacent to, before, close to, in front of, on the left (right), up, under。

举例与例证：first(ly), second(ly), for one (another) thing, first of all, to begin with, then, to conclude, in conclusion, last, finally, for example, for instance。

引申与转折：and, and also, moreover, furthermore, what's more, in addition, on the contrary, besides, otherwise, similarly, but, however, nevertheless, though。

原因与结果：because, for, therefore, hence, accordingly, consequently, thus, as a result, for that reason。

4. 词汇衔接

词汇衔接分为复现关系和同现关系。

（1）复现关系是指通过原词重复、同义词或近义词复现、上下义词复现和概括词复现来达到语义的衔接。

（2）同现关系是指，在一个语篇中，围绕着同一个话题，一定的词汇表现出同时出现的倾向。

四、体会与经验

（一）坚持不懈分析语篇

在阅读理解题的训练过程中，教师的眼光要放长远，避免盲目就题论题，要坚持不懈把分析语篇放在第一位，将"找主题句+分析结构+画思维导图"作为基本阅读方式。从语篇分析的角度出发，以阅读教学为落脚点，将体裁分析、主述位结构和文本结构、衔接与连贯、图式理论等应用于英语阅读教学。

（二）坚持不懈分析长难句

（1）固定搭配：so/such ...that; combine/link/connect ...with; from A to B; between A and B。

（2）强调句，插入语。

（3）三大从句和非谓语动词。

（三）坚持不懈积累词块和语块

平时的积累+读后的积累。

（四）坚持不懈分析语篇

在高中英语阅读理解题的训练过程中，教师应采取宏观的教学视角，超越单纯的题目解答，将对语篇的深入分析作为教学的核心。为此，教师需持之以恒地将语篇分析置于教学的首要位置，采取一种系统化的阅读方法——"识别主题句、剖析文章结构、绘制思维导图"，以此作为提升学生阅读理解能力的基本途径。

从语篇分析的视角出发，教师应以阅读教学为实践基础，融合多种文本分析工具和理论，包括对文本体裁的细致分析，深入探讨主述位结构和文本的宏观组织结构，关注文本内部的衔接与连贯性，以及图式理论，帮助学生构建和激活相关知识，促进学生对阅读材料的深层次理解。

通过这种综合性的教学方法，学生不仅能够准确把握文章的主旨大意，还能学会如何分析作者的写作手法和文本的内在逻辑，进而在阅读理解中表现出更高的灵活性和创造性。这种以语篇为核心的教学策略，有助于培养学生的批判性思维和综合分析能力，为其终身学习和有效沟通打下坚实的基础。

（五）坚持不懈精心选材

（1）同体裁、同题材、同结构分类训练。

（2）以说明文、议论文为主（科普类、人文类、思辨类）。

（3）关注健康生活，提高生活品质；关注中国和世界发展大势，关注人类命运共同体，深入思考人与自然的关系，体悟和谐发展之道；关注科学研究报道，培养科学精神和人文情怀，深入思考科技创新在人类生活和发展过程中起到的重要作用。

最后，跟所有同行共勉：

A mediocre teacher tells.

A good teacher explains.

A superior teacher demonstrates.

A great teacher inspires .

构建英语学习活动观：提升学生英语阅读思维能力的策略研究

在全球化的教育背景下，"素养"（competence）已成为教育领域的一个核心概念。自1997年经济合作与发展组织（Organization for Economic Co-operation and Development, OECD）首次提出该概念以来，其内涵不断丰富和发展。2005年，OECD进一步明确了"核心素养"（key competence）的概念，并在2019年发布了《OECD学习指南2030》（*The OECD Learning Compass 2030*），强调教育的目标是增进个人和社会的福祉。这些理念在OECD官网上通过生动的视频资料得到了形象的展示，本文将对这些资料进行分享和解读。

继OECD之后，众多国家和国际组织纷纷构建了自己的素养框架。2016年9月13日，我国教育部正式颁布了"中国学生发展核心素养"框架，明确了学生发展核心素养的内涵，并将其划分为文化基础、自主发展和社会参与三个部分。这些素养的培养，旨在帮助学生适应终身发展和社会发展的需要。

党的十九大报告中明确提出立德树人的教育方针，强调英语教学的总目标是培养具有"中国情怀、国际视野和跨文化沟通能力"的社会主义建设者和接班人。随着基础教育课程改革的不断深化，传统的综合语言运用能力目标已无法满足国家对未来人才培养的高标准要求。

1. 英语学科核心素养的培养

为了落实立德树人的教育根本任务，课程标准提出了英语学科核心素养的概念。这一概念涵盖了语言能力、文化意识、思维品质和学习能力四个方面，旨在培养学生全面的英语素养。具体而言，语言能力强调了感知、理解、内化、分析和创造性沟通的能力，文化意识则涉及比较、判断、调整、认同和传播不同文化的能力，思维品质包括观察、比较、分析、推理和创造性构建的能力，学习能力则关注主动性、监控、选择、合作和探索的能力。

在这些核心素养中，观察被视为学习的基础，而创造性则是语言和思维能力培养的重要目标。此外，文化意识的培养不仅包括比较、交流和调整，还强调了文化认同和文化传播的重要性，体现了文化自信和全球公民素养的双重要求。

2. 英语课程内容的六个要素

为了实现上述核心素养的培养，课程标准提出了英语课程内容的六个要素，包括主题语境、语篇类型、语言知识、文化知识、语言技能和学习策略。这些要素要求教师在设计教学活动时，以主题语境为背景，通过不同类型的语篇，引导学生在解决问题的过程中采取适当的学习策略，运用语言技能获取、梳理和整合语言知识和文化知识，并形成自己的观点和态度。

3. 教学模式的对比与反思

传统的PPP（Presentation, Practice, Production）教学模式侧重于语法和词汇知识的传授，而忽视了学生实际语言运用能力的培养。相比之下，任务型教学法（Task Based Language Teaching, TBLT）通过"教师提出任务—学生执行完成任务—学生展示任务"的方式，更有效地提高了学生的语言实际运用能力。然而，TBLT在培养学生的文化意识和思维发展方面，尤其是在引导学生形成正确价值观方面，仍存在不足。

一、什么是英语学习活动观

（一）内容

英语学习活动观是指学生在主题意义引领下，以语篇为依托，整合性地学习语言知识和文化知识，通过学习理解、应用实践、迁移创新等系列促进语言、文化、思维融合发展的活动，以自主合作探究的学习方式，运用所学的语言知识和听说读写看等语言技能，以及多种学习策略，获取文化知识，理解文化内涵，比较文化异同，汲取文化精华，发展逻辑思维、批判思维和创新思维，涵养内在精神，指向知行合一；使围绕主题意义的探究活动逐步从基于语篇的学习走向深入语篇、超越语篇的解决问题的过程，实现从知识向能力、能力向素养的转化，把英语学科核心素养的育人目标落到实处。

（二）活动是英语学习的基本形式

为了落实立德树人学科育人这一目标落地课堂，《普通高中英语课程标准（2017年版）》首次提出了指向英语学科核心素养发展的中国教学主张——英语学习活动观，明确活动是英语学习的基本形式，是学习者学习和尝试运用语言理解与表达意义，培养文化意识，发展多元思维，形成学习能力的主要途径。

（三）三个基本特征

第一，学习活动的目标必须指向学科核心素养发展。

第二，重视课程内容的整合性学习，即以主题意义探究为中心，设计具有综合性、关联性和实践性特点的学习活动，涵盖学习理解类活动、应用实践类活动和迁移创新类活动。

第三，休现外语学习的认知和运用的特点，让学生基于已有知识，依托不同类型的语篇，在分析问题和解决问题的过程中提高语言能力，发展核心素养。

（四）三个层次活动

1. 学习理解类活动

学习理解类活动是我们在课堂中应该首先考虑的活动类型，因为它是基于文本，关注语篇信息梳理的基本认知活动。简单来说，就是要先帮助学生理解文本。只有先理解了文本，学生才有可能对其进行深入分析并且迁移运用。

具体来说，学习理解类活动又可以细分为以下三类。

（1）引起学生感知与注意的活动。比如在阅读或听力练习之前，围绕语篇的话题创设情境，用呈现和话题相关的多媒体素材（图片、音频、视频等），采用提问或讨论等方式，激活学生的已有知识。

在这个过程中，我们可以帮助学生完成两个方面的准备：

一是对阅读和听力所需要的语言知识和文化知识进行补充，让学生可以更容易完成之后的理解性任务。

二是通过引发认知冲突或者提出关键性问题的方式，为学生的语言输入提供目的和动力，激发他们的阅读兴趣。

（2）语篇信息获取与梳理的活动。在进行语言输入的过程中，学生需要完成的第一类活动，就是通过解决教师依据文本设置的具体问题，获取并梳理文本的主要信息。

不管是常规的填空、排序、选择、匹配、判断对错等题型，还是其他创意型活动，本质上都可以帮助学生理解文本。

（3）语篇信息概括与整合的活动。在理解的基础上，我们需要设置总结概括类的活动来帮学生整合已经获取的信息。

说实话，这一类型的活动是我之前在日常教学中关注得比较少的，总觉得学生完成了理解类的题目就够了。后来才发现，如果缺少这类活动，学生获取的信息其实是零散的、琐碎的，无法成为后续活动的有力助手。所以现在我特别喜欢让学生读完文章之后进行结构或者内容上的梳理，以利于他们对文章的内容有更全面的把握。

学习理解类活动是对语篇进行初步感知和理解，属于识记和理解等低阶思维活动，即within the lines。所以，基于语篇的学习活动主要是指在语篇本身层面上进行信息的获取和理解，活动的内容和形式贴近学生的生活实际，符合学生的认知水平和生活经验，指向学生的低阶思维培养。

2. 应用实践类活动

应用实践类活动是深入文本，对信息进行再加工的深度理解活动。学生从语篇中获得新知识之后，围绕文章主题，开展以下三种不同类型的活动：

（1）描述与阐释的活动。通过绘制思维导图或回答综合性问题等方式，对文中的重点信息进行深入理解和分析的同时，关注原文使用的语言。

（2）分析与判断的活动。对文中的信息进行分析判断之后，形成自己的观点，并且尽量用所学语言来表达。

（3）内化与运用的活动。通过复述或者概要写作等方式，在消化语篇主要内容的同时，完成对语言的巩固和练习。

有了这个过程，学生不仅对文本的细节和主题有更深入的了解，也对其中的语言进行了巩固和练习。

应用实践类活动是在学习理解类活动的基础上，深挖语篇的内涵，巩固、内化和运用所学的语言知识和文化知识等，其目的是将知识转化为能力。所以，深入语篇的学习活动及between the lines的活动，需利用多种工具和手段，引导学生通过自主与合作相结合的方式，内化并运用所学的语言知识、文化知识等促进语言运用的自动化。

3. 迁移创新类活动

迁移创新类活动是超越语篇，让学生有机会进行深层次、多角度辩证思维的活动。具体来说，我们可以开展以下三种不同类型的活动：

（1）推理与论证的活动。引导学生针对语篇背后的价值取向或作者态度进行推理与论证，找出原文中的细节信息来说明自己所作结论的合理性。

（2）批判与评价的活动。批判与评价类活动指向学生批判性思维的培养和发展，教师可以让学生对文章的主题或者作者的观点进行讨论、评价并说明理由；赏析语篇的文体特征与修辞手法，探讨这些元素对主题意义的贡献。

（3）想象与创新的活动。想象与创新类活动主要以仿写、续写等自由度较高的形式体现，旨在让学生展开想象，灵活迁移，并创造性地解决问题。学生在新的语境中，基于新学的知识和语言，通过自主探究或小组合作的方式，创造性地解决新问题，进行口头或者书面的语言输出。

迁移创新类活动就是我们常说的超越语篇的活动及beyond the lines的活动，是培养学生高阶思维，实现深度学习的重要活动，是在更高层次上对语篇进行的重新审视。在设计推理与论证类活动时，教师可以考虑让学生思考语篇背后的价值取向和作者的态度，并在文中找出证据加以佐证。

教师只有深入解读文本，才能把握好课程的核心内容。在此基础上，教师还需要按照学习理解、应用实践、迁移创新这三个层次来设计课堂活动，使其形成一个围绕主题意义探究、逻辑递进、循环上升、符合认知规律的活动链，使上一个活动成为下一个活动的铺垫，下一个活动是对上一个活动的深化和拓展，体现情境性、结构性和层次性，以助力知识转变为能力，促进能力转化为素养。

二、如何基于学习活动观进行阅读教学设计

（一）深入解读语篇，把握核心教学内容

语篇承载学习内容，活动观落实学习途径，只有深入解读语篇文本，才能把握好核心教学内容，再通过实施活动确保学科育人目标的落实。因此，文本解读是落实活动观、实现学科育人的逻辑起点。教师可以从文本的主题、内容、文体结构、语言特点和作者观点五个角度进行深入解读，层层深入地理解和把握文本的主题意义，梳理结构化知识并解读各个环节是如何为主题意义服务的，以形成深入而独特的见解；然后整理解读的内容，尝试回答由what（主题和内容）、why（主题和作者）、how（文体和语言）引出的三个问题：文本的主题和内容是什么，它的深层含义是什么，承载的价值取向是什么；另外，了解作者为了有效并恰当地表达这样一个主题意义，选择了什么样的文体形式、语篇结构和修辞手段。也就是说，教师应从五个角度、三个层面解读和梳理文本，从而更好地围绕主题意义设计和开展教学。解读文本之后，要结合学生情况确定教学目标，然后思考如何将文本解读的内容转化为课堂学习活动，以落实英语学习活动观。

（二）单元主题引领，整合课程内容，探究主题意义

活动观强调对意义的探究，教师要改变脱离语境的知识学习和碎片化教学方式，把主题意义探究作为教学活动的主线（梅德明、王蔷，2018），将课程六要素，即主题语境、语篇类型、语言知识、语言技能、文化知识、学习策略等有机整合在一起（教育部，2018），并融入思维品质和价值观的培养，使核心素养四要素关联融合、协调发展。

三、结语：几点思考

虽然，学习活动观已经得到英语教师的广泛关注，但是，现实中的高中英语教学，大多数教师仍未形成英语学习活动观，我们大部分时间还是停留在表层理解阶段，在教学中仍然有很多时候停留在碎片化教学层面，没有兼顾英语

学科素养的四个方面，没有对单元主题和文本内容进行深入分析、研究，也没太在意对学生思维品质的培养，只是急着把课讲完。

2021年高考英语试题就体现了"加强核心价值体系教育，增强学生社会感"的育人功能和政治使命，渗透创新思维和学习能力考查，落实"重思维、重应用、重创新"的命题要求，使高考由"解答试题"转向"解决问题"。这就启发我们：在英语教学活动中培养学生的核心素养，使学生成为对社会有用的人；在设计学习活动时需要高度关注英语学科核心素养，并在课堂教学中认真落实学习活动观。

（1）作为教师，我们不仅需要知道教什么、怎么教，更需要知道为什么这样教。如果一个教师没有广阔的视野，怎么要求学生能有世界胸怀呢？

所以，我们要研读课程标准，理解课程标准内涵，高屋建瓴，从不识庐山真面目的困惑到一览众山小的豁然。

（2）教师要根据不同的学情实施教学调整。比如，阅读获取信息以及语言内化的程度决定着后续的评价和创新活动的质量和效果，教师要给足学生时间，确保充分的阅读和内化，即使是高水平的学生，也依然需要以充分的内化为基础。英语学习活动的设计应该由浅入深，从文本出发，先理解，再分析，最后迁移运用。

另外，依据英语学习活动观的三个层次优化的问题链，要确保搭建的思维路径指向文本核心。

（3）对于活动观中学习理解、应用实践、迁移创新三个层次下的九个小层次的活动，不一定要在一节课里全部完成，而应根据具体的文本内容和学生情况来灵活组织、选择、整合。

按照英语学习活动观的理论模型，我们一共有9种可选任务类型。但这并不意味着在教学实践当中，我们必须逐一完成这9种任务，毕竟课堂时间有限。实际上，有些活动是兼具好几种功能的。比如，学生读完或听完材料之后所进行的相似话题作文仿写，不仅需要学生梳理原文信息和结构，内化原文语言，还需要想象和创新。

为了提高课堂效率，我们要设计的其实正是这种"身兼数职"的活动。此外，考虑到学生的语言水平，这些活动也不一定非要挤在一节课的时间里完成。更重要的是，我们在设计活动的时候，要遵循这样的基本逻辑：循序渐进，以让学生真正实现从理解到运用。

操作上肯定是有难度的，否则我们也不需要专门学习了。不过也不必有太多畏难情绪，慢慢来就好。教师专业能力的提升，和学生语言能力的提升一样，需要努力，也需要时间。让我们一起努力静待花开。

参考文献

［1］OECD. *The OECD Learning Compass 2030*［M］. Paris: OECD Publishing, 2019.

［2］王蔷.英语教学活动观的理论与实践［J］.外语界，2018（4），28-35.

［3］梅德明，王蔷.英语课程内容与教学设计［M］.北京：教育科学出版社，2018.

［4］中华人民共和国教育部.普通高中英语课程标准（2017年版）［M］. 北京：人民教育出版社，2018.

英语学习活动观指导下的阅读教学设计与实施

阅读作为语言与思维互动的桥梁，在语言能力与认知发展方面发挥着不可替代的作用。它对于促进学生英语学科核心素养的提升具有至关重要的影响。然而，在传统的高中英语阅读课堂中，教师往往忽视了培养学生深入理解文本内涵的能力，这导致学生难以准确把握文本的语言特点、写作规律和主旨要义。这种教学模式下，学生的英语阅读水平往往难以实现质的飞跃，所获得的知识呈现"碎片化"。针对这一问题，课程标准提出了基于英语学习活动观的教学理念，强调教师应深入挖掘语篇主题内容与意义，设计具有层级性、情境性和实效性的英语学习活动，以促进学生的深度参与和英语学科核心素养的培养。

一、深入解读文本，把握核心教学内容

课程目标是教学的指导方针，课程内容是教学实施的基础，而教学途径则是确保教学效果的关键。语篇作为学习内容的载体，活动规则是实现教学目标的具体途径。只有深入解读语篇文本，教师才能准确把握核心教学内容，并确保学科育人目标的实现。因此，文本解读是实现学科育人目标、落实活动观的逻辑起点。

二、整合课程内容，追求意义探究

英语学习活动观强调对语篇主题意义的深入探究。教师需要转变传统的教学模式，摒弃脱离语境的知识学习和碎片化的教学方法，将主题意义探究作为教学活动的核心。这要求教师将课程的六个要素——主题语境、语篇类型、语言知识、语言技能、文化知识和学习策略——有机整合，并融入思维品质和价值观的培养，以实现核心素养各要素的协调发展。

三、基于内容，关注活动设计的层次

教师必须深入解读文本，精准把握课程的核心内容。基于此，教师应按照学习理解、应用实践、迁移创新三个层次设计课堂活动，形成一个逻辑递进、循环上升、符合认知规律的活动链。这种活动设计体现了情境性、结构性和层次性，有助于知识向能力的转化，以及能力向素养的提升。

四、概括整合信息，形成结构化知识

在基于语篇的学习中，学生不仅要学习语言，更要通过语言获取文化知识，并在信息之间建立关联，形成结构化知识。教师应引导学生围绕主题意义，通过获取、梳理、概括和整合信息，利用信息结构图或思维导图等工具构建基于语篇主题的结构化知识，为深入探究主题意义和实现知识迁移创新奠定基础。

五、优化问题设计，注重思维品质的培养

学科学习的核心在于促进认知发展，即思维的发展。英语学习活动观强调

思维品质的培养，其三个层次体现了思维逐渐进阶的过程。教师应结合文本解读和活动观的三个层次，优化问题设计，形成逻辑性、批判性和创新性思维的问题链，引导学生在讨论、分析、判断和评价等活动中实现深度学习和思维品质的发展。

六、创设合理情境，立足解决问题

语言的使用和发展总是植根于特定的生活情境之中。对语言知识的学习和掌握依赖于具体语篇主题所提供的情境。基于活动观的教学应围绕主题意义创设合理的情境，引导学生利用已形成和内化的结构化知识分析问题和解决问题。

七、体现教、学、评融合统一，确保教学效果

教学效果的评价应基于教学的证据，而非主观判断。教师应根据学生课堂口头或笔头产出的表现作出合理判断，并据此选择后续的教学内容和方式。课堂评价应突出学生的主体地位，对照目标和活动来设计，并贯穿教学始终。基于活动观的教学设计应实现教学目标、教学过程和教学评价的融合统一，确保活动观的有效落实。

遵循英语学习活动观的教学理念，教师应为学生设计具有情境性、层次性和实效性的英语学习活动，以发展学生的英语学科核心素养。尽管英语学习活动观是一个新兴概念，但其在课堂教学实践中具有可操作性。下面以一节阅读教学课为例，从文本解读、教学目标、教学过程、教学评价等方面，探讨遵循英语学习活动观的教学设计和实施过程，旨在为教师提供实践指导和参考。

基于英语学习活动观的阅读教学设计与实施分为三步：第一步是教师对阅读语篇全面、深入的解读；第二步是基于文本解读整合课程内容，依据活动观设计有层次性的教学目标；第三步是基于教学目标，遵循活动观设计并实施有层次的教学活动，在引导学生开展主题意义探究和解决问题的活动中，整合知识学习和语言技能发展，体现文化感知和品格塑造，发展思维品质和语言学习能力，同时确保教、学、评的融合与统一。高中英语阅读教学既要重视学生的全面素养发展，在接近真实的语境中进行知识、技能、策略的整合，又要融语

言、思维、文化为一体，开展体现综合性、关联性和实践性的英语学习活动。基于英语学习活动观的英语阅读教学，是在主题意义引领下，以语篇为载体，通过各种语言活动，把主题语境、语篇类型、语言知识、文化知识、语言技能和学习策略六个要素整合到相关的英语课程教学活动中。学习理解、应用实践、迁移创新等课程活动可以使学生在已有知识的基础上，提高分析问题和解决问题的能力，梳理或重构语篇内容，比较中外文化异同，进一步培养自身的逻辑性思维、批判性思维和创造性思维。

英语学习活动观指向学科核心素养的发展，强调主题意义的引领和课程内容的整合性学习，体现学习的认知层次和活动的本质特征。英语学习活动观的实施路径是从学习理解、应用实践到迁移创新。这三个层次的活动从基于文本的信息输入，到深入文本的初阶输出，最后到超越文本的高阶输出，这种逻辑的进阶、发展、提升能够实现基于内容、聚焦文化、学习语言、发展思维的深度学习的目标，从而落实英语学科核心素养。

活动观的提出为整合课程内容、实施深度教学、落实课程总目标提供了有力的保障，也为变革学生的学习方式、提升英语教与学的效果提供了可操作的途径（教育部，2018）。

下面以北师大版《英语》教材九年级Unit 7 Journey Lesson 21 To the South Pole为例展示叙述。

一、深入解读文本

在英语阅读教学中，深入的文本解读是实现有效教学的基石。教师需从五个维度，即主题、内容、文体结构、语言特点以及作者的观点对文本进行细致分析。通过这五个维度的深入探究，教师能够层层递进地理解文本，揭示主题意义，并梳理出结构化的知识。这一过程不仅涉及理解文本的直接信息，更包括挖掘文本中各个组成部分如何协同工作以服务于主题意义的深层表达。

张秋会与王蔷（2016）提出，教师在解读文本时，应追求形成深入且独到的见解。这要求教师不仅要整理和反思自己的解读内容，而且要系统地回答三个基本问题：what（文本的主题和内容是什么）、why（作者选择这一主题的深层原因）、how（作者采用何种文体和语言技巧来表达主题）。这些问题的回答有助于教师明确文本的核心议题、深层含义以及所承载的价值取向。

根据教育部的指导方针（2018），教师在文本解读过程中，还需探究作者为了有效传达主题意义所采用的文体形式、语篇结构和修辞策略。这不仅涉及对文本的表层理解，更要求教师深入探究作者的艺术选择和创作意图。

综上所述，教师应综合运用五个维度和三个层面的分析框架，全面而深刻地解读和梳理文本。这种多维度的解读方法能够为教学设计提供坚实的基础，帮助教师围绕主题意义有效地设计和实施教学活动，从而促进学生对文本深层次理解和批判性思维能力的培养。

对于本课，教师可以从五个维度、三个层面进行如下解读和思考：

［What］（主题和内容）本课文本是作者在参与南极探险考察、离目的地几英里时写的日记，主要讲述了作者和他的团队南极探险45天以来遇到的重重困难，如每天超长时间的行走、暴风雪的袭击、无充足的时间用餐和足部的防冻伤保护等。他们凭借榜样的感召、合理的路线设计、恰当的膳食和专业的护理等措施克服了困难。作者还抒发了他对目的地的美好憧憬和对探险旅程的感悟。

在学习理解层次的活动中，学生通过阅读，获取、梳理、概括、整合以上信息，形成结构化知识。

［Why］（主题和作者）作者通过叙述南极探险中遭遇各种困难和挑战以及努力解决问题的经历，使读者明白：一个人想要克服重重困难取得成功，不仅要具备优秀的品质，还必须充分做好各种准备。

这是该文章的核心，教材编者安排学生初中即将毕业时学习此课，是希望此课的学习能对学生今后的学习和生活产生重大影响。教师引领学生进行主题意义探究，获得此认识。

［How］（文体和语言）该文章按照典型的日记写作风格展开，明线讲述了作者一行在南极探险中的艰难经历和对到达目的地的憧憬和感悟；暗线则揭示了探险成功的根本原因在于优秀的品质和充分的准备。文章结构清晰，共有6段，在描述经历的第2~5段，作者使用了总分结构和表示顺序的词语逐一列举困难；陈述完每个困难之后，作者又用了表示转折的词语着重说明解决办法。语篇内的逻辑脉络便于读者建构结构化知识和推断、总结克服困难取得成功的主客观因素。

文章用了大量的一般现在时和现在完成时的句子来描述探险中作者和团队遭遇并已克服的困难，突出探险艰难的常态；又用三个一般过去时的句子表明作者曾经有过的、一时的想法和感受；最后用一般将来时的句子表达作者对到达南极的憧憬，用现在完成时的句子抒发感悟，进而说明作者对此行的满足和欣慰。同时文章也反映出，正是期盼到达南极的强烈愿望帮助他们克服了困难。除了丰富的时态，文中的直接引语、虚拟语气的语用功能以及配图的直观效果等，都凸显了文本的主题意义。

基于What、Why、How三个方面的解读，教师要围绕主题意义梳理内容之间的内在逻辑关系，提炼出相关内容的结构化知识，实现对文本主题意义真正地理解和把握（张秋会、王蔷，2016）。此时教师对整个语篇有了更加清晰的把握，就可以把握住设计学习活动的角度，即使学生不仅能了解作者在南极探险遇到的艰难与危险，还能通过作者的视角了解探险取得成功的根本原因，从而设计从明线到暗线的系列教学活动。

文本解读出来的内容要通过活动设计转化为学生的学习经历，引领学生在探究语篇主题意义的过程中感知、吸收、内化、迁移（王蔷，2016）。解读文本之后，要结合学生情况确定教学目标，然后思考如何将文本解读的内容转化为课堂学习活动，以落实英语学习活动观。

二、确定教学目标

教学目标的制定要遵循活动观的三个层次，要能够反映出学生对文本主题意义探究的过程，要体现核心素养四要素的相互渗透、关联融合和协调发展。

基于文本解读和学情，教师确定了如下教学目标：

（1）通过阅读，获取探险队南极探险的基本信息，如人员、时间、位置、经历、感悟等。

（2）梳理、概括南极探险所遇困难和克服困难的方法，借助思维导图呈现结构化知识。

（3）运用本课所学语言，描述探险队所遇困难和克服困难的方法，并分析、推断探险队克服困难的原因。

（4）分析、评价探险者的行为和观点，推断获得成功的两个关键要素（优秀的品质和充足的准备）；采访归来的探险者；诠释和评价阿莫森的话语（充分准备的重要性）。

上述目标都是以活动和行为方式呈现的，既强调了学习的过程，也显示了学习的结果；既可操作，又可达成，同时可评价。观察教学目标中的动词可以发现，目标（1）（2）属于学习理解层次的活动，目标（3）是应用实践层次的活动，目标（4）是迁移创新层次的活动。每一个教学目标都是前一个目标的进阶，体现实施活动观的过程。

三、教学活动的设计与实施

确定了教学目标后，就要设计教学活动。教学活动的设计能否适应学习者的需求，能否关注到每个学习者，能否帮助达成教学目标，将直接影响教学效果（王笃勤，2014）。教师要把主题意义探究作为教学活动的主线，遵循活动观的三个层次设计教学活动，使教学活动和教学目标保持一致，同时对照教学目标和教学活动来设计教学评价，并使教学评价贯穿教学始终，从而确保活动观的落实效果。

基于活动观的教学活动分为三个阶段，即开展学习理解类活动、应用实践类活动和迁移创新类活动。下面说明如何设计和开展这三个阶段的活动，落实活动观。

1. 开展学习理解类活动

学习理解类活动主要包括感知与注意、获取与梳理、概括与整合等基于语篇的学习活动。学习理解是活动观实施的第一步。在此步骤中，教师围绕主题创设情境，激活学生已有的知识和经验，铺垫必要的语言和文化背景知识，引出要解决的问题。在此基础上，以解决问题为目的，鼓励学生从语篇中获得新知，通过梳理、概括、整合信息，建立信息间的关联，形成新的知识结构，感知并理解语言所表达的意义和语篇所承载的文化价值取向（教育部，2018）。本课例设计了以下三个学习理解类活动。

（1）感知与注意

教师出示关于南极的图片，并提出以下问题：What do you think we will talk about today? What is the weather like there? 图片激活了学生的背景知识，他们预测本课主题是南极，并描述了南极恶劣的气候。教师继续提出以下两个问题：Do you know who the first person was to reach the South Pole? When did he get there? 问题引出关于南极探险第一人阿莫森的重要背景知识，铺垫关键信息，同时引导学生学习关键词汇。

教师播放有关南极探险的视频，并提出如下问题：How do you feel about the expedition (trip) to the South Pole? Why? 学生答出：It's difficult/dangerous/a great challenge because of the terrible weather. 视频给学生直观、生动的视觉冲击，使学生感受到了南极气候的恶劣及探险的危险和艰难，同时聚焦了主题，铺垫了语言。

教师呈现教学文本并提出以下问题：What would you expect to read in this text? 学生基于主题情景提出了很多期待了解的问题。此活动可以凸显学生与文本之间知识与经验的信息差，激发学生的好奇心和求知欲，促进学生猜测能力和想象力的发展。

（2）获取与梳理

学生期待了解的问题如下：

Who is traveling to the South Pole?

Where are they now?

When did they start the expedition?

How long was the expedition?

What have they learnt?

学生通过阅读获取此次南极探险的基本信息，满足了求知欲，体现了学习的自主性。教师通过提问及观察学生回答问题的表现，了解其关于南极的已知和未知，明确学生想要解决的问题；通过提问及观察学生的答题表现，了解其获取南极探险信息的情况，并及时引导，从而确保第一个教学目标的达成。

（3）概括与整合

教师提出以下两个问题：What difficulties have they met? How have they overcome these difficulties? 学生通过阅读，用思维导图梳理、概括、整合有关作者在南极探险所遇困难的信息，形成结构化知识。

学生利用思维导图梳理和组织信息，建构结构化知识，呈现出思维的多样性，体现了学生课堂学习的自主性和主体性，促进了学生逻辑性思维和学习能力的发展。教师从学生完成的思维导图，了解其所形成的关于南极探险的结构化知识，从而确保第二个教学目标的达成。

2. 开展应用实践类活动

应用实践类活动主要包括描述与阐释、分析与判断、内化与运用等深入语篇的学习活动，在学习理解的基础上，教师应引导学生围绕主题和所形成的新知识结构开展描述、阐释、分析、判断等交流活动，逐步实现对语言知识和文化知识的内化，巩固新的知识结构，促进语言运用的自动化（教育部，2018）。本课例设计了以下两个应用实践类活动。

（1）描述、阐释与内化

学生借助思维导图，用所学语言描述探险者所遇困难及解决方法。首先是学生独自进行描述，然后以小组为单位进行描述，最后全班一起分享。学生交换相关信息，充分内化所学语言。

（2）分析与判断

这个活动聚焦问题：How have they overcome these difficulties? 针对南极探险所遇到的四个困难，教师提出以下系列问题，引领学生分析和讨论探险队在南极探险所遇到的困难。

［Difficulty 1］

Why did Roald Amundsen inspire the writer?（分析）

What might the writer do after thinking about RA?（推断）

What kind of person was the writer?（推断）

［Difficulty 2］

Why does the writer say "luckily"?（分析）

When did they plan the route?（推断）

What helped them plan the route well?（推断）

［Difficulty 3］

What's the right food to prepare?（分析）

When did they get the right food ready for the expedition?（推断）

［Difficulty 4］

Is it necessary to have a doctor on the team to the South Pole? Why or why not?（分析）

How can a doctor be helpful for them?（分析）

When did they invite the doctor?（推断）

在问题链的引导下，学生得出探险者克服困难的原因：其一是他们有强烈的探险愿望，且勇敢、坚定；其二是他们有专业的知识和充分的准备。这个过程促使学生的逻辑性和批判性思维得到发展，也为提炼新学的知识做好铺垫。

教师通过学生和小组描述探险队所遇困难和克服困难，把握学生对所学语言和相关信息的内化情况；通过班级讨论和分享，引导学生推断和概括出探险队克服困难的隐含原因，从而达成第三个教学目标。

3. 开展迁移创新类活动

迁移创新类活动主要包括推理与论证、批判与评价、想象与创造等超越语篇的学习活动。教师引导学生针对语篇背后的价值取向或作者态度进行推理与论证，赏析语篇的文体结构与修辞手法，探讨其与主题意义的关联，批判、评价作者的观点等，加深对主题意义的理解，进而使学生在新的情境中，基于新的知识结构，通过自主、合作、探究的学习方式，综合运用语言技能，进行多元思维，创造性地解决陌生情境中的新问题，理性表达观点、情感和态度，体现正确的价值观，实现深度学习，促进能力转化为素养（教育部，2018）。本课例设计了以下五个迁移创新层次的活动：

（1）推理与论证

教师提出问题：Why were they able to overcome these difficulties? 引导学生探讨探险者克服困难的根本原因。学生跳出文本，上升到与作者对话的层面，基于之前的生成，经过推理、论证，获得上位知识——要想克服这些困难，不仅要有优秀的个人品质，还必须有充分的准备，从而探究文本的内涵价值与意义，使自身的逻辑性和批判性思维得到发展。

（2）批判与评价

教师提出以下两个问题：Do you think they will finally reach the South Pole? How will they feel? 学生基于理据推断探险者一定能够成功。此活动发展了学生的逻辑性和批判性思维能力。

（3）想象与创造

教师创设如下情境：

假如你是Teens Junior的小记者，采访本次南极探险归来的探险者。

学生确定角色（记者或探险者），用所学语言提出或回答各种问题。他们交流了思想，学会了提问，发展了创新思维。

（4）批判与评价

教师呈现南极探险第一人阿莫森的话："Victory awaits him who has everything in order. Defeat is certain for him who has neglected to take the necessary precautions in time." 并提出以下问题：What do you think of Amundsen's words?

Can you explain the meaning or make some comments about what he said? 学生在解释、评价阿莫森的话的过程中与文本之间建立关联，不仅深度理解了这句话的意思，而且迁移到了自己的学习和生活中，深刻体会到了事前做好充分准备的重要性。这使学生的批判性和创新性思维有了发展，对学生价值观的形成和品格塑造产生了影响。

教师通过小组讨论和班级展示，把握学生分析和评价南极探险者取得成功的两个关键要素的情况；通过学生采访过程中的提问及回答，确定学生在新情境中运用所学知识的情况；通过小组讨论和班级展示，把握学生能否解释、评价阿莫森的话的含义，从而达成第四个教学目标。

（5）教师布置作业，使学生巩固所学，拓展主题知识，进一步实现迁移创新。

Homework：

（1）Surf the Internet to get more information about the expedition to the South Pole and make a poster.

（2）If you have a chance to explore Himalayas, what difficulties might you meet and how will you prepare for them? Make a plan for them.

八、结语

英语学习活动观指导下的教学既改变了以知识和技能为主的碎片化学习的现象，也解决了情感、态度与价值观贴标签的问题，它给教学带来了很多变化。

首先，课堂中教师放手，让学生真正成为主题意义探究的主体，他们在情境中，通过自主、合作和探究式的学习，积极地探究主题意义。其次，整合性的学习不再是单纯的语言学习，学生在对语篇内容进行概括、提炼、比较、评价的过程中实现了对语言和文化知识的整体获得和转化，塑造了优秀的品质。最后，基于英语学习活动观三个层次设计的活动链和问题链，使逻辑的进阶、发展、提升落到了实处，学生的思维层次不断进阶，思维品质得到了提升。

在实施基于英语学习活动观的阅读教学中，教师需关注并妥善处理一些关键问题，以确保教学活动的有效性。

首先，教师必须根据学生的具体情况灵活调整教学策略。学生的阅读信息获取能力和语言知识内化水平直接影响着他们进行批判性思考、评价和创新活动的质量与成效。因此，教师应为学生提供充足的时间，确保他们能够完成深入的阅读并实现知识的内化。这一点对高水平学生同样重要，因为即便是能力较强的学生，也需要在充分内化的基础上进行更高层次的认知活动。

其次，教师应依据英语学习活动观的三个层次——学习理解、应用实践、迁移创新——设计问题链。这一问题链的设计必须确保学生的思维路径指向文本的核心内容和深层意义，从而引导学生逐步深入地理解文本，并在此基础上发展批判性和创造性思维。

最后，对于活动观中的三个层次下细分的九个小层次活动，教师并不需要在单次课程中全部实施。相反，教师应根据具体的文本内容和学生的实际情况，灵活地组织、选择和整合这些活动。这种灵活而有策略的教学设计能够更好地适应不同学生的学习需求，促进每个学生在各自水平上取得进步。

通过这种细致入微且富有策略的教学实施，教师能够更有效地指导学生，帮助他们构建深入理解文本的能力，并在此基础上培养批判性思维和创新能力。

参考文献

［1］王蔷.英语教学活动观的理论与实践［J］.外语界，2018（4），28-35.

［2］中华人民共和国教育部.普通高中英语课程标准（2017年版）［M］.
北京：人民教育出版社，2018.

第二节　课题研究：高中英语阅读思维型教学模式研究

一、课题的核心概念及其界定

《普通高中英语课程标准（实验）》的教学建议提出："教师应帮助学生发展探究知识的能力、获取信息的能力和自主学习的能力"，"创造条件让学生能够探究他们自己感兴趣的问题并自主解决问题"，"要为学生独立学习留有空间和时间，使学生有机会通过联想、推理和归纳等思维活动用英语分析问题和解决问题"，"教师在教学中要注意发展学生的批判性思维能力和创新精神，在设计任务时要使学生的思维能力、想象力、审美情趣等综合素质得到发展"。由此可见，思维能力的发展是高中英语教学的重要目标之一。

阅读与思维发展：阅读对于思维发展起着特殊的作用，英语阅读不仅能提高学生的学习兴趣和语言能力，还可以培养学生的创新思维能力。阅读能力的培养是高中英语教学的核心内容，发展学生思维能力有助于引导学生积累语言，培养学生的阅读技巧及文化意识。提高学生英语阅读能力的核心要放在思维能力的培养上，才能缩短学生独立摸索的过程，使其内有的知识和经验得到更新与升华，同时提高学业水平和考试成绩。

阅读思维型教学模式以英语报刊阅读、时文阅读及经典文学阅读为载体，以语言为工具，组织课堂师生"双主体"互动，激发课堂的思维活动，以高效的课堂教学质量带动学生创新思维能力的发展和创造性人格的培养。

二、国内外同一研究领域现状与研究的价值

国外研究者对语言教育中阅读思维教学的作用和功能有较为深入的研究。

Lipman认为语言是思维工具，思维型教育（如用阅读文本创设开放性问题、概念或情境）是借助语言进行思维训练，这种基于哲学的语言教学（Philosophy-based Language Teaching）能够训练学习者产出性语言与思维技能，促进思维能力的发展（Shahini & Riazi，2011）。思维方法训练和学科教学渗透是培养思维能力的两种途径，前者包括头脑风暴法（Osborn，1963）、侧向思维训练法（De Bono，1970）、思维构图技术（Buzan，1984）等，后者包括以解决问题为主的思维培育教学模式（Guilford，1967）、认知—情感交互作用理论（Williams，1972）、思维风格（Sternberg，1995、1997）等。

国内专家也致力于阅读与思维能力培养的研究。文秋芳等（2006）以语言的交际功能、承载文化和知识功能与思维功能为理据，建议英语学科应压缩语言技能教学时间，增设文学阅读等入门课程。韩宝成（2007）在"中国基础英语素质教育的途径与方法"课题研究中尝试"语感阅读法"教学途径；鲁子问（2007）在国家"十一五"教育规划课题中践行"真实阅读"理念，建构个性化、课内外互动阅读的模式。黄远振（2009）提出诱发动机的"以美导引"模式、佳作欣赏的"以情陶冶"模式以及思维训练的"以意贯穿"模式。近年来，胡卫平等（2009）根据聚焦思维结构的智力理论，开发了"学思维"活动模式，把思维作为师生课堂的核心活动，融课堂教学与思维能力培养为一体，在教学实践中得到有效检验。

高中学生的英语水平往往跟不上其思维能力，因而难以回答对思维具有挑战性的问题。另外，有相当一部分教师对提高思维能力的重要性认识不足，对思维能力的内涵了解不清，对如何结合专业课程教学来提高学生思维能力的教法不熟悉（文秋芳，1999）。《普通高中英语课程标准（实验）》指出，英语课程要面向全体学生，注重素质教育，要关注每个学生的情感，激发他们学习英语的兴趣，帮助他们建立学习的成就感和自信心，使他们在学习过程中发展综合语言运用能力，提高人文素养，增强实践能力，培养创新精神。

国内外研究成果表明，外语教育对思维能力的要求已日益强烈，把课堂教学与培养思维能力相结合是高中英语教学研究的一种新趋势。将语言教学、阅读思维能力培养融于课堂教学环境中，在理论上是可以成立的，在实践上也是可行的。然而，如何把阅读思维型教育有效地应用于英语课程教学，这是一项值得研究的课题。为此，我们拟回答两个问题：如何根据思维型教学理论将英语阅读思维引入课堂？如何构建英语阅读思维型教学模式？

三、研究设计

（一）研究的目标、内容与重点

本课题的研究目标是：把思维型课堂教学理论引入英语阅读教学，论证具有系统性地体现学习者思维发展特点的"思维型"英语阅读教学内容设计，构建具有学科特色的英语阅读思维型课堂教学模式，并通过实证研究验证该模式的可行性及有效性，即英语阅读思维型教学模式能够有效促进学习者语言学习和思维能力的发展。为实现这一目标，应研究以下内容。

1. 论证高中思维型英语阅读教学内容

我们要基于教材，超越教材，培养学生的阅读能力。在中学阶段，教师不可能有充足的时间和精力去编写教材，而且能力也有限，因此我们要基于教材。教材是良好的思维材料，它蕴含丰富的知识，而知识的消化加工要求思维深入，思考持久，这样有助于思维主体的健全发展，全面训练20项思维能力。同时，我们要超越教材，充分利用北师大版教材中的Literature Spot，以及报纸、杂志和网络材料。

2. 构建英语阅读思维型课堂教学框架

以思维型课堂教学理论的四大核心原理——"认知冲突""自主建构""自我监控"以及"应用迁移"为基石，本研究遵循了七项课堂教学基本要求。这些要求包括：明确界定课堂教学目标，着重展现知识的形成与演化过程，紧密联系学生已有的知识和经验，高度重视对学生非智力因素的培养，训练提升其思维品质与智力能力，努力营造良好的教学情境，并根据学生的个体差异实施分层教学和因材施教策略。结合英语学科的独特教学属性，以及专为"思维型"英语阅读设计的教学内容，我们深入探讨了英语阅读思维型课堂教学模式的基本特质、教学准则、实施流程及具体操作技巧。这一研究不仅丰富了英语阅读教学的理论与实践，也为提升学生的思维能力和阅读理解能力提供了新的路径（兰春寿，2011）。

3. 研究英语阅读思维型教学课堂的有效性

在观察思维课堂的过程中，要看重以下几个方面的有效性：

（1）思维条件。在训练学生的思维能力时，教师要做到心中有数，让学生感受到自身的学习潜力。同时，教师要提供文本材料给学生，做到师生共读，提高双方的语言能力。

（2）思维过程。在学生理解文本的过程中，教师要进行必要的阅读指导和引导，把教学情感渗透于教学活动的全部环节之中。

（3）思维结果。阅读思维型教学要基于教学背景下的任务，基于师生思维的拓展，运用恰当的活动方略，启思探疑，灵巧点拨，以实现师生的共同发展。

本课题研究重点是：构建行之有效的英语阅读思维型课堂教学模式，研究适合中学生思维发展的思维型阅读课堂教学内容设计。

目前，高中课堂尚未专门开设阅读思维训练课程，许多教师对这方面的认识不足，如何根据思维型课堂教学理论要求将阅读思维理论引入高中英语课堂，形成系统性的以学习者思维发展特点为中心的思维型英语阅读教学内容设计，是本课题研究首要论证的重点。

（二）研究的思路、过程与方法

1. 研究的思路

首先，确立英语阅读思维型课堂教学框架，包括教师应如何围绕思维型课堂教学的四个基本原理开展英语文学阅读课堂教学，即设计"认知冲突"丰富学生的认知活动，引导学生进行认知方面和社会方面的"自主建构"，培养学生的思维"自我监控"能力，实现知识和思维方法的"应用迁移"，达成以阅读教学促进学生思维能力发展的最终目标。

其次，我们尝试研究英语阅读思维型教学课堂的有效性，希望能够设计有意义、有实效、有情感的课堂活动，包括基于学情的活动安排、基于任务的活动铺垫、基于思维拓展的活动方式和基于师生共同发展的活动方略，形成良好的互动的教学氛围。

2. 研究的过程

（1）制定研究方案，确定具体分工和运作方式；对高中不同年级学生的需求进行分析。

（2）开展英语阅读教学内容分析与设计、课堂教学实验。

（3）论证并评价英语文学阅读思维型教学模式。

（4）课题研究成果总结与课题结题论证。

3. 研究的主要方法

（1）分析法。通过对实验过程的分析，发现问题，研究对策，及时施加变量、控制无关变量。

（2）行动研究法。在行动中研究，在研究中行动；边计划，边行动，边改进。

（3）比较法。选定实验班，与平行班对照，进行纵向、横向的比较。

（三）主要观点与创新之处

1. 主要观点

阅读能力的发展与学生思维能力的发展密切相关。发展学生思维能力有助于引导学生积累语言，培养学生的阅读技巧及文化意识。教师在教学中要重视知识的形成过程，充分调动学生思维的主动性，使得他们的思维能力得以培养发展。

2. 创新之处

把握高中学生思维能力教育最佳时期，以英语阅读尤其是英语经典文学阅读为载体，培养英语学习者文化和创新思维意识，从而构建具有学科特色的思维型课堂教学模式，组织课堂师生"双主体"互动，激发学生的思维活动，以高质量的课堂教学带动学生创新思维能力的发展和创造性人格的培养。

四、预期研究成果

预期研究成果见下表。

成果名称	成果形式	完成时间	负责人
高中英语阅读教学中合作探究能力的培养	论文	2015年	孙志英
高中英语思维型阅读选材及教学内容分析	论文	2016年	孙志英
发展高中学生思维　提高英语阅读能力	论文	2015年	陈燕丽
高中英语思维型阅读教学的思维特征分析	论文	2016年	孙志英

第三节　Imbibition阶段的教学实录

Teaching Plan for My First Work Assignment

一、教材及学生分析

1. 教材分析

本次课所选的是人教版高中英语教材（必修5）Unit 4 Making the news中的阅读文章。本单元的中心话题是"新闻"，内容涉及新闻工作者应该具备的素质和新闻采访的基本程序。本课通过一个新手记者周洋和采访经验丰富的上司胡鑫之间的一段对话，帮助学生了解新闻工作者在采访前的准备工作、采访中的注意事项，以及在工作中将会遇到的困难，引导学生发现并归纳一个新闻工作者应当具备的素质。

各色各样的新闻每天都在人们的生活中发生。随着科技的发展，如今人们获取新闻的渠道和选择越来越多。通过本堂课的学习，我们可以获知作为媒体从业人员不仅仅应该拥有良好的采访技巧，更应该拥有社会责任感以及道德底线和法律底线，才能对大众媒体发布有效、精准的新闻。

2. 学情分析

本节课的教学对象是高二学生，通过一年的高中英语学习，学生在听说读写方面已经具备了一定的水平。

二、教学目标

1. 知识目标 (Knowledge Aim)

· Students will be able to grasp the main idea for each paragraph and the framework of the passage through fast reading.

· Students will be able to find out more information and details by using mind map.

2. 能力目标 (Ability Aim)

· Students will be able to figure out the framework of the passage by drawing mind maps.

· Students will be able to guess the meanings of idiomatic expressions from the context.

· Students will be able to have a deeper understanding of the topic from a critical perspective.

3. 情感目标 (Emotion Aim)

Students will have a better understanding of being a great journalist and learn to judge and appreciate professional journalist.

三、教学重难点

Guide students to use mind maps to figure out the framework of the passage.

Guide students to have a further discussion from a critical perspective.

四、教学过程

教学活动 (Activities)		设计意图 (Intentions)	互动模式&时间 (IP & Time)
Step Ⅰ: Lead-in	Present three pieces of news to introduce the topic. Then ask students two questions about who provide different news and how they conduct a good story.	以三则图文并茂的热点新闻为导入，激发学生对于"新闻"话题的参与兴趣，紧接着追问学生两个关于新闻是如何为人们提供信息的小问题，为之后的教学各环节做好准备	师生互动 个别回答 （5分钟）

续 表

教学活动 (Activities)		设计意图 (Intentions)	互动模式&时间 (IP & Time)
Step Ⅱ: Passage Reading	1.Ask students to quickly read through the passage and underline the 7 questions raised by Zhou Yang and then divide the passage into 3 parts according to the main ideas given in the student worksheet. 2.Ask students to read through the passage carefully and draw a mind map on student worksheet. 3.Ask students to guess the meanings of four idiomatic expressions from the conversation. 4.Ask students to figure out the relation of Zhou Yang and Hu Xin and think about why Zhou Yang said it was unforgettable. 5.Ask students to find out the qualities a new journalist needs to have	1.通过快速浏览全文，学生能大概把握文章主题，理出文章框架，找出分段的依据，并训练简要概括段落大意的能力。 2.在task1的文章分段的基础上，引导学生对课文内容的三大块内容进行梳理，以思维导图的形式，加强对文章结构和内容的理解。 3.引导学生通过上下文语境，对英语习语表达进行猜测，训练学生在阅读中猜词义的能力。 4.引导学生通过自主阅读，画思维导图，厘清人物关系，加深对文章主题的理解。 5.引导学生利用简单的思维导图，对一个好记者应具备的素质和能力进行思考，训练学生自主形成对知识框架构建的能力	自主阅读 师生互动 生生互动 个别回答 （20分钟）
Step Ⅲ: Exploration and Discussion	1.Video: Play a video clip about The Pulitzer Prizes of 2018 and ask students to have a further discussion about what makes a great journalist. 2.Hints: Give students some phrases to describe the image of a great journalist and help them understand the requirements of being a great journalist	1.让学生观看关于2018年度普利策新闻奖的获奖视频，给学生树立伟大记者的榜样，为接下来的深入讨论做铺垫。 2.学生根据今天所读所听所学所感，结合几个关键词，围绕"什么才是伟大的记者"这一问题进行小组讨论，发散思维，和组员分享自己的经历和想法	生生互动 师生互动 集体参与 小组讨论 （10分钟）

教学活动 (Activities)		设计意图 (Intentions)	互动模式&时间 (IP & Time)
Step IV: Oral Presentation	Invite 1~2 representatives from the groups to give oral presentations. The other groups reflect on it	将讨论的结果以口头陈述的形式展现，既锻炼了学生的口语表达能力，也能帮助他们梳理小组讨论的观点，以便其他小组作出反馈和评价	成果展示 集体参与 （8分钟）
Step V: Conclusion	Summarize what has been done in today's class, emphasize the topic	总结本节课所学知识，引导学生进行知识梳理，升华主题	师生互动 （1分钟）
Step VI: Homework	Write a letter to answer a student asking about being a good journalist	课后以书信作文的形式让学生对本文内容进行更进一步的熟悉，对该话题进行更深一步的思考和总结，强化输入到输出的过程，同时积累新的语言知识点	师生互动 （1分钟）

Unit 1 Lesson 3 Your life is what you make it

一、教学分析

（一）文本分析

本次教学活动选取的文本为北师大版高中英语（必修1）教材第一单元第三课的一篇记叙文。该文通过叙述大学生张天在贵州支教的经历，深入探讨了"人与自我"的主题。文章结构条理清晰，内容丰富翔实，主题意蕴深远，能够激发读者对于生活选择和社会责任的深刻思考。

文本内容分为四个部分：第一部分描绘张天的日常生活，引发读者对其选择背后原因的好奇；第二部分阐释了他投身支教的动机，传递出他对教育事业的热忱与梦想；第三部分展示了他的工作和生活环境，与他的梦想形成鲜明对比，增强了故事的感染力；第四部分则叙述了他克服困难、勇于面对挑战，为乡村教育事业贡献力量的故事。

通过对一系列事件的生动描写，文本展现了张天积极向上的生活态度和强烈的社会责任感，激励学生深思个人的生活选择，并鼓励他们坚持梦想，实现自我价值，成为对社会有贡献的人。

（二）学情分析

本次教学活动面向的是福建省某重点中学的高一学生群体。在英语能力方面，这些学生英语基础扎实，已经掌握了一定的阅读策略，能够较为清晰地理解记叙文的结构和内容。然而，他们对于运用对比手法来表达人物情感变化等文学技巧尚显陌生。因此，教学中需要引导学生深入解读文本，细致梳理主人公的情感变化，并探究其支教选择的深层原因。

在思想发展层面，高一学生已初步具备独立思考的能力，正处于形成自我价值观和未来发展规划的关键时期。教学中应设计丰富多样的活动，鼓励学生积极思考个人价值和未来方向，帮助他们树立远大理想。

（三）重难点分析

教学重点在于详细描述主人公的支教经历，深入分析其思想和情感的演变过程，以及介绍文本是如何通过人物访谈来展现主人公的内心世界的，进而启发学生对人生意义进行深入思考。

教学难点在于如何引导学生发现并欣赏文本的写作特色和语言风格，以及如何引导他们分析人物情感变化的内在原因。

为了应对教学的重点和难点，本课将做出以下安排：首先，梳理文本结构和事件发展脉络，引导学生发现主人公经历的关键节点和情感变化的转折点；其次，分析对比手法在突出人物情感变化中的作用；最后，在学生对文本内容和写作技巧有了一定了解后，引导他们对重点问题进行深入思考和表达，实现知识的迁移和应用。

二、教学目标设计

本课的教学目标分为五个层面：第一，使学生能够梳理文本结构，获取关于张天支教的事实性信息，并概括其思想情感的变化过程；第二，使学生能够感知并欣赏记叙文的写作特色（如按时间顺序组织材料）和语言风格；第三，使学生能够自主分析张天情感变化的原因；第四，使学生能够将在文本中获取的有效信息在新的情境中内化并运用，并以小组合作的方式进行知识的迁移；第五，使学生能够评价张天的人生选择和实现自我价值的意义，形成对志愿者工作的全新认识。

三、教学设计思路

结合教学目标、文本特点和学生特征，本课将紧密围绕"人生选择"的主题语境，充分利用记叙文的语篇类型特征，引导学生学习形容词等语言知识，深入文本学习文化知识，并传授记叙文写作技巧等语言技能。同时，通过设计丰富多样的学习活动，培养学生的概括、归纳、梳理和信息提取等阅读能力。

鉴于学习理解、应用实践、迁移创新三类活动的层次和侧重点不同，本课将合理分配各类活动的比例。因此，本课设计了3个学习理解活动、1个应用实践活动和2个迁移创新活动，共计6个活动，以确保教学目标的全面达成。

四、教学活动实施

（一）基于语篇的学习理解活动

活动一：注意与内容感知活动（4分钟）

（1）教师引导学生依据文本标题Your Life is What You Make it和附图a和图b，预测文本的主题。学生一般能够大概猜中文本内容与支教有关。师生主要对话如下：

T: Look at the title and 2 photos. Predict what you will learn from them?

S: Maybe it's an article about someone's special experience in a village school.

（2）教师播放一段感人的展现大学生乡村支教生活的短片，并请学生回答问题。师生主要对话如下：

T: ①What is your impression about the environment of the village school? ②What would it be like to be a volunteer teacher there?

S: I saw the Poor environment there, and I guess the life of the volunteer teacher there must be very tough.

（3）教师再带领学生熟悉十个文本中出现的重要词汇。

该活动的目的是吸引学生对文本产生兴趣，并对文本内容和相关词汇有所感知，为后续深入文本、超越文本的学习奠定基础。一般情况下，学生都能比较好地完成该活动并实现活动目标。

　　活动二：概括和归纳活动（10分钟）

　　（1）教师请学生快速通读文本，完成对每个段落标题的概括(skimming for main idea)。

P1	A ＿＿＿＿＿＿ day for a volunteer teacher in the village school
P2	＿＿＿＿＿＿ to be a volunteer teacher
P3	＿＿＿＿＿＿ when he arrived
P4	Changes he made to school ＿＿＿＿＿＿ and activities
P5	Changes he made to ＿＿＿＿＿＿ learning and villager's life

　　（2）教师引导学生复读文本，分小组梳理文章的情节线索、情感线索，提取关键信息绘制鱼骨图，并标明相关依据。完成并校对后，教师再进一步引导学生依据情节线索和情感线索将文章的主体内容划分为三个层次：P2 before him went there, P3 when he firsts arrived, P4~P5 after he made changes。

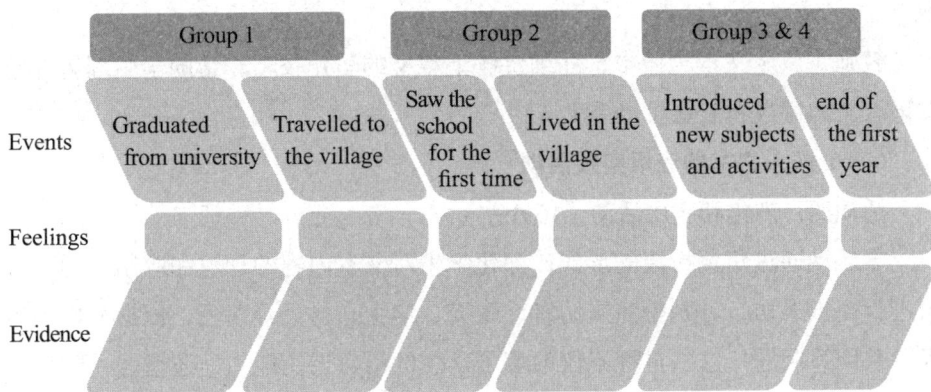

该活动的主旨在于培养学生的高级阅读技能：通过略读(skimming)技巧，训练学生概括段落标题，形成对文本的宏观理解；通过扫读(scanning)技巧，培养学生精准提取关键词和句，深化对文本细节的把握。此外，活动借助鱼骨图、流程图等思维导图工具，引导学生构建整体思维，强化语篇意识。这不仅对学生高级阅读思维的培养至关重要，也直击学生在阅读理解上的常见难题，即对文本字词虽熟悉，却难以把握文章整体意义。

对于未经语篇概括归纳训练的学生，此活动难度较大，完成度可能较低，故需教师耐心引导。而经过系统训练的学生则能更迅速、准确地构建文章结构，捕捉核心信息。

活动三：语言感知活动（5分钟）

（1）引导学生在完成的鱼骨图的基础上梳理文本的情感线索并感知作者使用的对比手法。

Before he went there: inspired, eager, exited—when he firsts arrived: disappointed, trouble/worried—after he made changes: excited, satisfied, enjoyed.

（2）引导学生体会作者是如何利用对比等写作手法来体现主人公三个阶段的情感变化的，并表达自己的观点。

（3）教师以该文本为依托展开讲解相关的记叙文写作手法。

本活动旨在引导学生在完成思维导图的基础上，梳理文本中的情感线索，并感知作者运用对比手法的技巧。通过标注主人公情感变化的关键节点（如前往目的地前的满怀希望、初到时的失望，以及作出改变后的喜悦），学生能更深刻地体会作者如何通过写作手法展现人物心理的转变，并能表达自己的观点。

教师将以本文本为蓝本，详细讲解记叙文的写作技巧，帮助学生理解并掌握记叙文的特点和主要写作手法。

（二）深入文本的应用实践活动

活动四：内化和应用活动（15分钟）

本活动通过角色扮演的形式，深化学生对文本内容的理解和应用。学生分组进行模拟采访，分别扮演采访者、张天、学生、村民等角色，依据文本内容提出并回答问题。这一过程不仅锻炼了学生的语言运用能力，还增强了学生的团队协作精神。

学生角色扮演内容摘录：

［对张天的采访］

Q: Good morning! Today we have Zhang Tian with us, a volunteer teacher in Guizhou Province. We are going to talk with him about his experience and thought in village school.

Q: Good morning!

Zhang Tian: Good morning!

Q: Have a seat please. Why did you choose to be a volunteer teacher in this village school?

Zhang Tian: Inspired by other volunteer teachers, I realized that this small village is where I was needed most. This is the reason why I applied for and became a volunteer teacher in this village school.

Q: How did you imagine the life of being a volunteer teacher here?

Zhang Tian: I have imagined all sorts of exciting things about living independently and teaching in a village. But as soon as I came here, I feel disappointed since the living conditions here was so terriable.

Q: It seems that many things didn't live up to your expectations. I was wondering what was the biggest challenge when you first arrived?

Zhang Tian: Even though the living conditions are poor, what made me feel disappointed most was the students here. They have poor English basis and poor study environment. I found it hard to make connections to all my students here.

Q: Did those things gave you up? If not, how did you overcome these difficulties?

Zhang Tian: To be honest, the thoughts of giving up once flash through my mind. But I soon realized that it's my own life.

Q: You are really a determined person! You did make great changes to the poor village. Can I ask how did you achieve this?

Zhang Tian: Actually, I can't achieve this without the generous help and support of individuals and charity organizations. They helped us change the poor conditions here and helped the villagers sell local products online. I would like to express my sincere appreciations for them on behalf of the whole village.

Q: How did you feel about doing all these amazing things?

Zhang Tian: In fact, it's challenging but also meaningful. I think my life have no regrets because I followed my heart. I am also proud of myself that I can do something that make other people's life become better. I firmly believed that your life is what you make it.

Q: I really admire your courage and efforts. I think you made the right life choice which is meaningful and colorful. Thank you very much!

［对张天学生的采访］

Q: Next, I'm going to interview one of Zhang Tian's students and a villager.

Q: How would you describe your teacher Mr. Zhang? What kind of person do you think he is?

Student: I think he is the greatest teacher I've ever met. What he taught us made English no longer a subject far away from us village students. He is also a caring person.

Q: What do you think of the changes he made?

Student: Our school life became more colorful because there are more activities and subjects. Laughter filled in all lessons, and there is more happiness in our schooldays. Besides, his enthusiasm and passion deeply affected us. It's our fortune to meet Mr. Zhang, and I am inspired to become an excellent teacher like him.

［对村民的采访］

Q: How do you feel about all the things Zhang Tian does for the village?

Villager: All he did means so much to us. He helped us build a playground. He helped us sell local products online. We will never forget his devotion, and we always treat him as our family.

Q: That's all for the interview. Thanks for coming.

该活动的目的是：通过引导学生将所学应用于角色扮演中，强化学生对文本内容相关词汇和句式的掌握程度，全面锻炼学生听、说、读、写、看的能力和团队配合能力。另外，学生的展示活动亦能进一步实现上述目标，并为英语学习增添趣味，提高学生对英语学习和应用的兴趣。

（三）超越文本的迁移创新活动

活动五：思考和评价活动（10分钟）

（1）请学生回答问题

① What do you think of Zhang Tian's life choice? Would you made the same choice?

② Are there any other things we can do to help the students in the village school? 引导学生对张天的人生选择和志愿活动进行思考和评价。

学生对问题1的回答摘录：

S1：Zhang Tian is a master of his life. He followed his heart when choosing what to do with his life, even though it may not be what others expected of him. I admire his choice, because it's challenging but meaningful.

学生对问题2的回答摘录：

S2：We can use the social media to show people their poor conditions and seek for help. We can also contact some charity organization to help them. We can also organize activities, pay regular visit and so on.

（2）讨论志愿活动的核心精神：dedication, friendship, mutual aid, progress

本活动鼓励学生对张天的人生选择和志愿活动进行深入思考和评价，同时探讨志愿活动的核心精神，如奉献、友爱、互助、进步等，旨在培养学生的批判性思维和多元思维能力，激发他们对个人未来发展和价值实现的思考。

活动六：迁移和创造活动（1分钟）

本活动的主要内容是课后作业：应用所学知识完成一篇记叙文。该任务是2020年高考全国卷的英语作文题，要求考生写其最敬佩的人。具体的作文要求如下：Write a life story of a person you like or admire. ①Who are you going to write about? ②What is special about him/her? ③What big event did he/she experience in his/her life?

本活动的目的是使学生能够利用所学的记叙文写作知识和人物描写的词汇与句式进行迁移和应用，将输入转为输出。此类迁移活动可以加深学生的知识掌握程度，全方面锻炼其英语能力。

五、教学活动的总结和反思

本课例的设计体现了学习活动的三大特点：学习活动的综合性、学习活动的关联性、学习活动的实践性。该课通过一系列学习活动综合锻炼了学生听、说、读、看、写五大英语能力，训练学生的逻辑思维、批判思维等思维能力，具有综合性。该课始终围绕张天支教这一核心内容，从学习理解层次到应用实践层次再到迁移创新层次，由浅入深地设计了一系列学习活动，具有关联性。

该课始终坚持以学生为主体、以教师为主导、以学习为主线的三主教学，且注重学生知识的内化和迁移，具有实践性。

Unit 10 Lesson 3 Your Money

Ⅰ. Teaching Aims

（1）Enable students to analyze the text and grasp the main idea of this passage.

（2）Practice reading for specific information.

（3）Encourage students to do something to protect the environment.

Ⅱ. Teaching aids

（1）Multimedia.

（2）Blackboard.

Ⅲ. Teaching Steps

Step 1: Lead in (5 minutes)

Task 1. Free talk.

If you have 5 *yuan*, what things do you like to spend the money on?

Task 2. Talk about the pictures about the Yellow River. (show pictures to explain new words)

（1）The water is not clear, why?

（2）What we can do to prevent from soil erosion?

Task 3. Read the kcy words.

(bank, contain, soil, flow into, erosion, grow crops, develop economy)

Step 2: Reading (20 minutes)

A. Fast reading (5 minutes)

Task 1. Match each paragraph with the main idea.

Para 1. A success of tree-planting programme in Inner Mongolia.

Para 2. You can use 5 *yuan* to buy a tree and create a green future.

Para 3. Everybody plays an important role in stopping Yellow River erosion.

Para 4. It is a massive job to control Yellow River erosion.

Para 5. The removal of sand is the main cause of Yellow River erosion.

B. Intensive reading (15 minutes)

Task 2. Read the passage again and answer some questions.

（1）Which river is being talked about in the text?

（2）In which area has soil erosion almost destroyed farming land?

（3）What can people do to help stop soil erosion?

（4）Why does the writer say 5 *yuan* is important?

Task 3. Find detailed information to fill in the blanks.

Every year, 1.6 billion tons of _____ flows into the Yellow River. Over time, a lot of soil _____, which has caused _____. This has _____ almost all the land and has forced many local farmers _____. It is _____ to control Yellow River erosion. Many people think both government and _____ should make effort to deal with this work. In fact, it is you who _____ to play in stopping erosion. 5 *yuan* can buy you a tree, which will help _____. On the land with _____, local farmers can grow crops to _____. With the money they earn, they can buy _____ to develop _____. So remember you can buy a tree and create _____.

Task 4. Read this paragraph together.

Step 3: Vocabulary Practice (10 minutes)

Task 1. Find the words from the text and match them with the definitions.

contain	1.plants such as wheat, rice or fruit grown by farmers.
crop	2.being worn away by water, wind or sand
puzzle	3.unable to understand something
soil	4.have something inside
remove	5.the top part of the earth in which plants grow
erosion	6.take something away from a place

Task 2. Complete the sentences with the correct form of the words.

> remove, appeal to, erosion, balance, puzzle, contain, flow into

（1）This game _____ young children and my little sister like playing it very much.

（2）Many farming areas in Shanxi Province are affected by soil _____.

（3）Every year, 1.6 million tons of soil _____ the Yellow River.

（4）This cup _____ water but that one is empty.

（5）I feel _____ why Ken wears black all the time.

（6）It is important to keep a _____ between making and spending money.

（7）Please _____ your dirty shoes from the bathroom.

Task 3. Read the words together.

Step 4: Group discussion (10 minutes)

Discuss the following questions with your partners:

（1）What other things do you like to spend 5 yuan on?

(hope project, the disabled, a charity, home for orphan or aged beggar)

（2）How do you understand the title "When Less is More"？

Step 5: Homework

Write a composition about your understanding of "When Less is More".

Unit 4 Lesson 4 Virtual Tourism

Ⅰ. Objectives

· Practice reading skills.

· Analyze the passage to get the main idea.

· Listening to get specific information.

· Grasp expressions about tourism.

Ⅱ. Teaching Steps

Step 1: Lead- in (7 minutes)

· Watch the film and talk about your first impression about Auckland.

（1）This seaside city has warm climate with plenty of sunshine.

（2）It has beautiful beaches for doing water sports.

（3）You can see boats everywhere. Auckland is called "the city of sails".

· Show pictures to further introduce Auckland. (Present key words)

(be located on, central, seaside, go back, settle, suburb, harbor)

Step 2: Reading (18 minutes)

A. Fast reading (3 minutes)

Task 1. Match the topics with the five paragraphs:

Para 1. Introduction

Para 2. History

Para 3. Famous sights

Para 4. Climate

Para 5. Travel links

B. Intensive Reading (15 minutes)

Task 2. Listen to the tape then complete the table below.

Population	Less than 1 million
Location	North Island
History	Go back 650 years
Famous sights	Mt Eden, Auckland Harbor Bridge Parnell Village, Sky Tower Auckland Museum
Climate	A warm climate with plenty of sunshine

Task 3. Read the text again to find out useful words or phrases from the text to introduce Auckland.

Useful words to introduce Auckland	
Population	have a population of
Location	be located on/ in; *lie in*
Feature	be called...; a centre for; *be famous for*
History	go back; *date back*; settle
Famous sights	include; also;as well as; enjoy
Climate	warm; plenty of; sunshine

Task 4. Pair Work: Retell the text with the help of those useful words.

(pay attention to the new phrases)

Auckland is the largest city in New Zealand. It has a population of under a million people and is located on North Island. It is an important centre for business and industry. The history of this seaside city goes back 650 years when the Maoris settled in the area. The British came in 1840 and then the European settlement bagan. Famous sights in this city include Mt Eden, one of many large volcanoes, as well as the Auckland Harbour Bridge. You can enjoy an amazing view from the Sky Tower. Auckland is called "the city of sails", because it has more boats than anywhere else in the world. It has a warm climate with plenty of sunshine. It has some of the best beaches in New Zealand for doing water sports.

Step 3: Vocabulary Practice (5 minutes)

Task 5. Group Competition: Look at some pictures and guess the words. Then try to work out the meanings of words.

E: volcano; harbor; surfing ...

Step 4: Group Presentation (15 minutes)

Task 6. Work in groups: Choose one of the most attractive places that you would like to visit. Then present your virtual trip to the whole class.

Step 5: Assignment

Writing: Write a passage to introduce Quanzhou to the tourists.

Teaching Plan for Rules and Regulations in Singapore

Ⅰ. Teaching plan

Module 9 Rules and Regulations in Singapore

Students: Senior Grade 3

Duration: 45 minutes

Ⅱ. Analysis of teaching methods

English competency consists of language ability, cultural consciousness, thinking ability and learning ability. Based on cultural knowledge, students learn to compare and consider different cultures so as to form cultural confidence and right values. This lesson is about *Rules and regulations in Singapore*. It mainly focuses on the following three parts. First, the students can learn about the measures and rules and regulations that are adopted to manage the country from the text and at the same time train their reading skills. Second, students can be guided to consider the management of Quanzhou by using the information they get from the text. This activity is to stimulate students to do analytical, logical and critical thinking and to improve their cultural awareness. Third, this lesson focuses on cultivating the autonomous learning ability and creates an environment for students to observe, experience and explore under the guidance of the teacher. Each activity in the lesson is closely related and students can cooperate with each other to analyze the passage and gain an overall comprehension of the text, based on which they can form a correct understanding of the management of the society.

Ⅲ. Analysis of the teaching material

This lesson is Rules and regulations in Singapore taken from Module 9. Before this lesson students have previewed the text and checked the meaning of some difficult words by themselves. This lesson introduces the beauty and comfort in the country and analyzes the management of Singapore which makes it such a beautiful city-state. The management of the country includes rules and regulations, public spaces and transport control and campaigns to encourage better manner. This text finally leads to an important concept — changing social attitudes through education. Students can reflect on the necessity of self- discipline and the relationship between man and the society which will have a great influence on their study and lives. Students may have difficulty grasping this concept.

Ⅳ. Teaching objectives

By the end of the class, students will be able to:

（1）summarize the major information the rules and regulations in Singapore using a mind map;

（2）describe the impression of a city with the words and expressions they have learned in this lesson;

（3）identify different rules and regulations in Singapore;

（4）share their views about the necessity of rules based on critical thinking;

（5）be aware of their social responsibility to obey rules and regulations and the relation between man and the society.

Ⅴ. Key points and learning difficulties

（1）Grasp the key points in each paragraph and analyze the structure of the text;

（2）Using the words and expressions they have learned from the text to share their ideas about the necessity of signs of rules.

Ⅵ. Teaching aids

Multimedia equipment, tablet computer and PPT.

Ⅶ. Teaching procedures

Step 1: Lead in——View for information

（1）Show several pictures about a beautiful island and invite students to describe it.

View for information

1）What can you see in the pictures?
2）Special! Why?

（2）Show a video of this island which is used as a landfill. This may surprise students and arouse students' interest in knowing more about Singapore.

Purpose of design：A brief introduction to stimulate students curiosity in exploring the city. Students gain some knowledge about this beautiful and clean city Singapore. The topic of garbage disposal will be discussed in the last activity of the class.

Step 2: Read to understand

Task 1. Read for information.

（1）Ask students to read Paragraph 1 and use adjectives to describe Singapore. Provide details to support their ideas.

（2）Guide students to find the topic sentence in Paragraph 1 and predict what will be discussed in the following paragraphs.

Purpose of design: This task can help student form a clear picture of Singapore and figure out the topic of the text. Through this task students can grasp the skill in finding the topic sentence which is very important in doing reading comprehension.

Task 2. Read for structure.

（1）Ask students to read Paragraph 2~6 and find out the topic sentence of each paragraph.

（2）Ask students to analyze how many parts are there in the passage. Then draw a mind map with students to show the structure of the passage.

Task 2. Read for structure

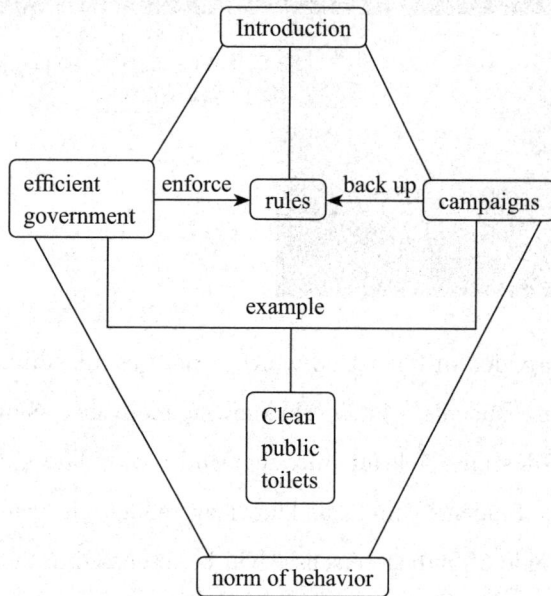

Purpose of design：Skim the whole text to catch the main idea of each paragraph and work out the structure of the text which is a preparation for the next activity. Through this task students can apply the skill they learn in the previous step and help students form a thorough understanding of the text which can assist them in critical thinking and creative thinking in later activity.

Task 3. Read for knowledge.

Ask students to read Paragraph 2~5 for information and fill in the blanks. Guide students to consider what these details show.

within _____
after _____ is received
_____ or _____ is a ticket to jail

_____ on the walls
prohibited _____
install _____
_____ at traffic lights

using _____
_____
_____

with the help of _____
and _____

by _____

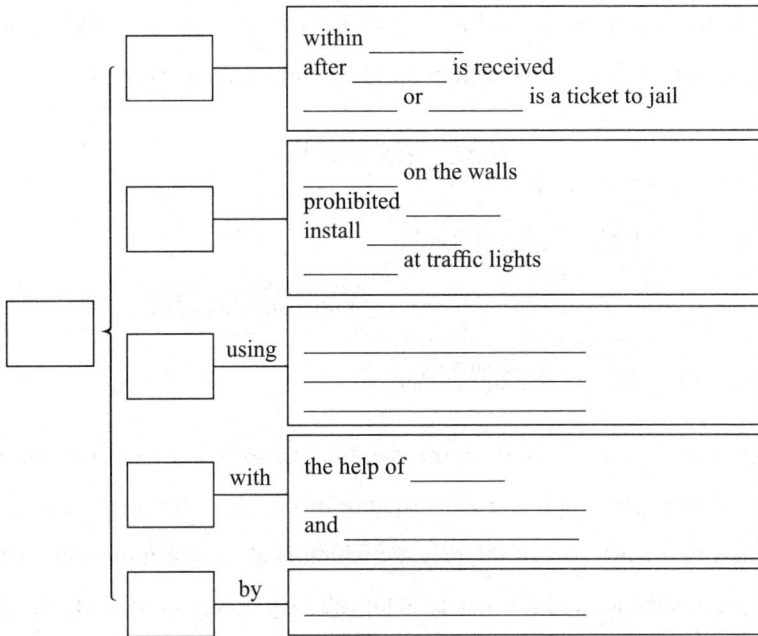

Purpose of design: Guide students to grasp the detailed information. Through this activity students can accumulate words and expressions about the management of the country from the text which can be used to share their opinions in later activity.

Step 3: Read to explore

（1）Show a picture of the former Prime Minister of Singapore Goh Chok Tong. Ask Students to read Paragraph 6 and find out what Goh Chok Tong's goal is and how to achieve this goal.

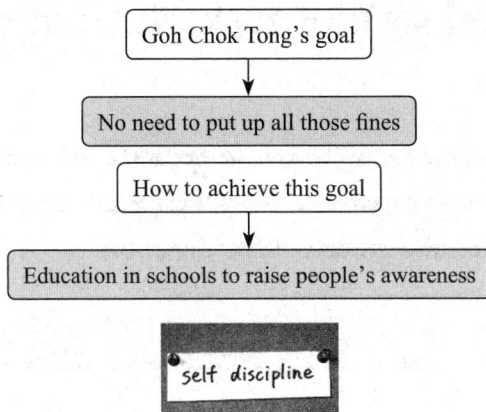

Goh Chok Tong's goal

No need to put up all those fines

How to achieve this goal

Education in schools to raise people's awareness

self discipline

（2）Guide students to explore the moral the passage brings to people. Ask students to discuss what is important in building a beautiful society.

Man and society

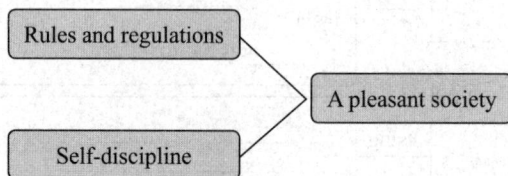

```
Rules and regulations ┐
                       ├──→ A pleasant society
Self-discipline ───────┘
```

Purpose of design：Based on the detailed information from the passage, the main idea of each paragraph and the structure of the text, students can be guided to pay attention to the last part of the passage which is about the former Premier's goal about people's behavior and the way to achieve it. By doing this activity, students can lead to an important topic — self-discipline, and the relationship between man and society, helping them build correct and healthy value and serving as a preparation for group discussion.

Step 4: Read to apply

（1）Share a piece of news about waste sorting and guide students to think about the importance of waste sorting.

【Focus】Are You Ready for Waste Sorting?

2019-05-26 07:52

"Regulations on Household Waste Management of Shanghai" will be enforced in Shanghai since July 1. Waste sorting will be a new lifestyle for Minhang citizens. This month, Minhang will organize a campaign to popularize waste sorting among citizens.

（2）Provide a passage about waste sorting in China to give students more background information.

Reading material：

Waste sorting

Beijing will push forward its waste sorting legislation soon, and the newly revised regulation will clarify an individual's responsibility to sort domestic waste, a senior official said, "If the garbage is not sorted, the citizens may face a fine of up to 200 *yuan*, no less than Shanghai's garbage classification punishment."

"Some citizens in Shanghai formed the habit of delivering the garbage to recycling stations every day, since the trash bins had been removed," he said. "Beijing can follow Shanghai's suit."

Yuan Yiyu, a 20-year-old sophomore at the University of International Business and Economics in Beijing, said enforcement of trash sorting in Shanghai largely drove her passion to learn waste sorting at college. "I hope to use the garbage classification knowledge more in the future to help better protect our city's environment." she said.

With the help of effective supervision and guidance, a growing number of people will cultivate the good habit of garbage classification and take action to improve their living environment, contributing to a green and sustainable society.

（3）Ask students to work in group and consider the management of waste sorting.

Suppose you are an official and your city is going to enforce waste sorting. Work out a plan to promote waste sorting.

Useful words and expressions
Words
efficient; illegal; self-discipline; campaign; radio; television; poster; inspector; slogan

> **Expressions**
>
> enforce ... often enough to make law breakers think twice.
> put up signs to warn against...
> are frequently backed up by....
> ... not only depend on..., but also ...

First of all, _____

Second, _____

What's more, _____

Also, it is of equal/great importance to _____

Purpose of design：Students can use the words and expressions they have learned from the text to share their opinions about how to promote waste sorting. This activity can train their critical thinking and creative thinking ability and attract them the pay attention to the society they live in, which can have a great influence on their study and lives.

Step 5: Assignment——Write to express

Write a composition about the importance of waste sorting and measures to promote it.

Purpose of design：After class, students can have the ability to describe the importance of waste sorting and how to promote it. They can train their writing skill by putting their thoughts into words.

Internalization 阶段：
读演结合展风采

第一节　读演互促与演绎教学

立足语篇结构　聚焦思维品质
——高中英语议论文阅读理解突破

接下来我和大家分享的主题是立足语篇结构，聚焦思维品质，突破高中英语议论文阅读理解。

一、高考要求

（一）课程标准——培养思维品质

《普通高中英语课程标准（2017年版）》提出英语课程的目标是培育学生的英语学科核心素养，其主要包括语言能力、文化意识、思维品质和学习能力。"英语学科核心素养"在内涵上的亮点之一便是融入了"思维品质"，还原了语言学习过程中"语言、文化和思维"的三维统一。在课程标准颁布之前，指导历次课改的相关文件中均未明确提出"思维品质"这一目标。《普通高中英语课程标准（2017年版）》对思维品质的三个级别水平，按照观察与比较、分析与推断、归纳与建构和批判与创新等四个层面做了具体的内容描述。

四个层面描述的次序体现了信息获取、信息处理和信息输出的整个过程，也符合布鲁姆的记忆、理解、应用、分析、评价、创新由低到高的六层次认知目标分类理论。

（二）布鲁姆认知目标分类理论

布鲁姆认知目标分类理论把人的认知思维过程从低级到高级分为六个层

次：记忆、理解、应用、分析、评价和创新。在依托语篇的阅读解构中，第一步Reading lines即通读文章，关注意义的具体层面，这一步是信息获取，对应布鲁姆认知过程中的低阶思维能力。第二步Reading between lines即推断阅读，教师需培养学生质疑解疑，从上下文语境中提出若干探究性问题，这一步是信息处理。第三步Reading beyond lines，需挖掘文本的潜在意义，关注意义的主题层面，培养学生的逻辑性、批判性和创新性思维，这一步是信息输出，属于布鲁姆认知过程中的高阶思维能力。

在所有的阅读文体中，议论文说理性强，语言庄重，逻辑缜密，因此依托议论文进行的语篇突破，是很好的培养学生思维品质的抓手。

（三）高考命题

四种考题：观点态度题、主旨要义、推理判断、猜测词句义。

命题规律：高考设题考查的要点也是按照从低阶思维到高阶思维循序渐进，并逐年增加。近5年高考试题从易到难，2021年情商概念较难，2022年未考。而北京、天津卷几乎年年都考，这些试题是我们很好的训练材料。

二、高考议论文基本认知

议论文的三要素：论点、论据、论证。

（一）论点（central point）

1. What's the central point?

语言概括、态度鲜明。

中心论点与分论点：文章有且只有一个中心论点，但可以有多个分论点。

2. How to find the central point?

（1）The stated central point（寻找文章的主题句）

① 留意全文或段落的首尾句。

开头部分：亮出观点法、现象分析法、引用错误观点法、提出问题。

结尾部分：重述论点、概括呼应论点、提出建议措施、预测未来趋势。

② 寻找段落中出现的转折词，如but, however, in contrast, nevertheless等。

③ 关注文中反复出现的话题，留意一些文字提示，如 therefore, thus, in short等。

（2）The implied central point（概括文章的主旨）

① 理顺文章脉络语篇结构。

② 捕捉出现频率较高的话题词汇。

③ 文章没有直接提出中心论点，但始终围绕……展开论述。

（二）论据（supportive sentences）

通过摆事实、讲道理证明中心论点或分论点。

事实论据：代表性事例、亲身经历。

道理论据：权威言论、科学原理、公式。

（三）论证（process of arguing）

用论据来证明论点的方法和过程。

1. 论证结构

论证结构为：总分总—演绎—归纳/对照—并列—递进。

（1）对照式结构，也称对立观点型（pros and cons）

正方（反方），反方（正方），结论（我认为……）

·先摆出要批驳的观点——授人以鱼不如授人以渔。

·再针锋相对进行驳斥——先授人以渔不对，因为……

·后树立自己观点并论证——先授人以鱼对，因为……

·最后提出希望或建议。

这样的论证思路清晰，观点明确，说服力强，在阅读当中一定要捕捉出正反论证的层次。

（2）并列式结构，也称观点解释型（cause and effect）

分论点关系平等、平行，是从不同角度和层次来论证同一个中心论点。

基本模式：观点/主张—分析—评价—总结。

作者在开始先叙述一个现象、概念，然后对现象进行解释。这类文章的主题是文中最重要的解释或作者所强调的解释，阅读时要注意作者给出的原因，所以又被称为原因结果型。

（3）递进式结构，也称问题解决型（problem and solution）

几个分论点逐层深入，层次递进。

基本模式：问题困境—分析原因—解决措施。

作者在一开始或一段末以问句提出一个问题What（相当于一个现象），然后给出该问题的答案Why（相当于解释）。针对文中问题给出的主要答案How就是这种文章的中心。

例如：如何过有意义的人生？谁是天才？

2. 论证方法

主张型议论文（express one's opinion）+辩论型议论文（argue for belief）

立论：以议论为主要表达方式，通过讲事实、摆道理，直接表达自己的观点和主张。

论证方法：举例论证、因果论证、对比论证、归纳论证。

驳论：通过反驳对立的论点来阐明自己的主张。

论证方法：驳论点、驳论据、驳论证逻辑。

三、思维品质的培养

议论文学生的痛点：平时教学中议论文语篇结构和观点都比较清晰，一般分析难度不大，难就难在高考阅读中会出现一些观点不直接表达，论点、分论点不是一眼就能识别的议论文，往往这种文章需要我们去提炼文章观点，概括文章的主旨，理顺文章脉络语篇结构，捕捉出现频率较高的话题词汇。这种文章虽然没有直接提出中心论点，但始终围绕话题展开论述。

接下来将结合本次省质检C篇议论文及历年高考题议论文阅读题，重点分析议论文的文体特征、文本结构，并探究如何抓住议论文阅读教学这个契机来发展提升学生的思维能力和思维品质，把英语学科核心素养的培养提高落到实处。

在马斯洛看来，一个饥肠辘辘的人，其人生的目标就是找到食物果腹；一个缺乏安全感的人，他对生命的追求是安全；归属与爱和尊重需求也一样，得不到满足就会有缺失；"自我实现"是"少有人走的路"，只有那些低级需求真正满足的人才容易走上自我实现之路。

四、教学建议

在高中英语教学中，议论文阅读理解是一个重要组成部分。它不仅要求学生理解作者的观点和论证，还要求他们分析文章结构、评价论据并形成自己的观点。为了提高学生的阅读理解能力，以下是一些具体的教学建议。

（一）加强命题规律、解题技巧的指导

1. 观察态度题

在议论文中，作者的态度对于理解全文至关重要。教师应指导学生如何识别和分析作者的态度和语气，如通过形容词、副词以及标点符号等线索来分析。

如果文中出现"strongly believe"或"firmly argue"，这表明作者持有坚定的立场。

2. 相关词汇

词汇是理解议论文的基础。教师应帮助学生增加词汇量，尤其是与议论文主题相关的专业术语和常用词汇。

例如，在讨论环境保护的议论文中，"sustainability""emissions""conservation"等词汇是关键。

3. 中心主旨题答题技巧

中心主旨是议论文的核心。教师应教授学生如何快速找到文章的中心论点。中心论点通常位于文章的引言或结尾部分。

例如，通过快速阅读首尾段落，学生可以抓住如"In conclusion""Therefore"或"It is evident that"等信号词后的观点。

（二）加强培养学生分析语篇结构的能力

议论文的论证结构通常包括引言、主体和结论。教师应指导学生如何识别这三个部分，并分析它们之间的关系。

例如，在分析一篇内容关于远程办公好处的文章时，学生应能够识别出作者在引言中提出的主题，在主体部分提出的支持论点，以及在结论中进行的总结。

（三）以高考真题为依托，在复习中聚焦思维品质提升

1. 设计语篇问题，培养逻辑性思维

通过对高考真题的分析，教师可以设计问题来培养学生的逻辑性思维。

例如，通过绘制思维导图，学生可以把握文章的结构和作者的论证逻辑。

2. 设计内容问题，培养批判性思维

批判性思维是评价论据和形成观点的关键，教师应设计问题鼓励学生进行推理判断和批判探究。

例如，教师可以要求学生分析一个论点的假设是否合理，或者论据是否充分支持论点。

3. 设计情境问题，培养创新性问题

创新性思维可以通过设计情境问题来培养，如辩论式探究和思辨式写作。

例如，在辩论式探究中，学生可以被分为两组，一组支持文章中的观点，另一组则提出反驳，以此激发学生的创新思维。

通过上述教学建议的实施，学生的英语议论文阅读理解能力将得到显著提升。教师的指导应注重命题规律、解题技巧，同时注重提高学生分析语篇结构的能力。以高考真题为依托，教师可以设计各种问题类型，这不仅能帮助学生提升逻辑性、批判性思维，还能激发他们的创新性思维。通过这些方法，学生将能够更深入地理解议论文，形成自己的观点，并有效地进行表达。

参考文献

［1］张秋会，王蔷.高中英语阅读教学中文本解读的策略［J］.外语教学，2016（3），45-50.

基于英语学习活动观的高中英语记叙文阅读教学实践

一般而言，传统的英语阅读教学在实践中能够较好地实现教学目标，但也存在一定的问题，尤以"教得浅显、教得零散、教得死板"为典型。"教得浅显"指的是传统英语阅读教学过于注重文本语法、词汇知识等文本内容表层信息的传授，而忽视文本背后的文化背景、主人公思想感情、作者写作意图和价值观的解读。"教得零散"是指传统英语阅读教学过于注重零散的知识点而忽略对文本篇章结构的分析，使得学生对文章的整体认识不足，无法独立快速地获取文本信息。"教得死板"是指传统英语阅读教学更强调教师单向的知识传输，对语言所承载的文化意义和促进思维发展的功能，特别是对学生正确价值观的引导缺乏关照，对学生自主学习、独立思考、知识迁移等能力的培养不足。

随着对学生核心素养发展的要求越来越高，传统阅读教学方法已明显制约高中英语教学促进核心素养发展目标的实现。一方面，自2016年以来，浙江、山东等多省份陆续将读后续写纳入高考英语书面表达的考核内容之中，要求学生在理解给定语篇的基础上进行续写，对学生的阅读能力提出了更高的要求。另一方面，《普通高中英语课程标准（2017年版）》首次提出了英语学习活动观，明确活动是英语学习的基本形式，是学习者学习和尝试运用语言理解与表达意义、培养文化意识、发展多元思维、形成学习能力的主要途径。所以，新题型的出现和课程标准改革既为高中英语教学树立了新的旗帜，又向广大教师提出了新的挑战。教师该如何改变传统教学的惯性思维，在日常教学中践行英语学习活动观以提高学生的阅读能力，如何将新的英语教学理念和育人价值观落实在课堂中，皆有待在实践中进一步探索。

为此，本文拟以英语记叙文阅读教学为切入点，从实践的角度阐述如何围绕主题语境、语篇类型、语言知识、文化知识、语言技能和学习策略六要素安排教学内容；如何在学习理解、应用实践、迁移创新三个层次上设计课堂活动；如何帮助学生在记叙文学习过程中提高分析问题、解决问题的能力，提高英语综合素养，通过跨文化的视角认识世界并树立正确的价值观。

一、基于英语学习活动观的高中英语阅读教学

（一）英语学习活动观的内涵和意义

英语学习活动观，从文义的角度可以理解为关于英语学习活动的基本看法和基本观点，它既是认识论又是方法论。作为活动学习法的一种，英语学习活动观理论可以追溯至卢梭的自然教育思想、杜威的"从做中学"和维果茨基的"活动理论"，具有深厚的理论基础。

《普通高中英语课程标准（2017年版）》创造性地提出了英语学习活动观，并为其概念作出了明确的界定：英语学习活动观是组织学生进行学习理解、应用实践、迁移创新等一系列英语学习活动，使学生在主题意义的引领下，结合已有知识和语篇特点综合提高语言知识与语言技能、文化意识、多元思维能力和学习能力的理论。英语学习活动应当具有综合性、关联性和实践性等特点。冀小婷等学者也结合六要素整合理论，提出英语学习活动观是使学生在理解主题语境的基础上，结合不同语篇类型的特点，通过学习理解、应

用实践、迁移创新这一系列英语学习活动学习语篇的语言知识、文化知识和语言技能，并提升学生的思维能力、价值判断能力、学习策略运用能力等的教学思维。

英语学习活动观中的"活动"是英语课堂教学的基本组织形式，分为学习理解活动、应用实践活动、迁移创新活动三大类别。学习理解活动包括感知与注意、获取与梳理、概括与整合，是所有活动的基础，目标是使学生对文本有基本的认知和感知；应用实践活动包括描述与阐释、推理与判断、内化与运用，是学生在对文本有基本的认识基础上进行的提升；迁移创新活动包括分析与论证、批判与评价、想象与创造，是对学生综合能力的提高、批判思维的培养最为关键的活动。英语学习活动观中的"活动"还具有综合性、关联性和实践性等特点。

此外，英语学习活动观的教学还应结合六要素整合，即整合主题语境、语篇类型、语言知识、文化知识、语言技能和学习策略六要素，以主题意义为引领，以语篇为依托，整合语言知识与文化知识的学习，运用听、说、读、看、写等方式，理解和表达意义，并在这一过程中发展思维，学会学习。

（二）基于英语学习活动观的阅读教学设计思路

首先，教师在进行阅读教学设计时应当以What、Why和How三个问题为指导方针，与学生共同探讨What的问题，即语篇的主题意义和主要内容是什么，让学生明确应该从语篇当中读什么内容；接下来是How的问题，即语篇的文体结构和语言修辞，让学生理解作者是以何种方式呈现观点、表达想法的；最后是Why的问题，即作者写作意图和重申主题意义，通过What和How，对作者观点态度和价值取向进行提炼和升华。

其次，应以提高学生理解能力、运用能力和迁移能力为教学目标。目标的设计应遵循英语学习活动观中的学习理解、应用实践、迁移创新三个层次，设计有层次、有逻辑和有内在关联的教学活动。课堂活动的内容要结合语篇的主题语境、语篇类型、语言知识、文化知识、语言技能和学习策略六要素，综合运用听、说、读、看、写等方式实现教学目标，充分发挥学生的自主学习能力，激发学生的兴趣和自信，从而由表及里、由深入浅、环环相扣、层层递进地培养学生的阅读能力。课堂中，课堂教学活动分为基于语篇、深入语篇及超越语篇三个层面，师生深入研读语篇，确定语篇主题、内容、结构、语言特点和写作风格，三个层面的教学设计紧紧相扣、逐步升华，帮助学生从主题意义、文体等方面整体理解语篇，并引导学生在阅读活动中创造性地解决问题，理性地表达观点、情感和态度，树立正确的价值观，从而促进从知识向能力最终指向素养的转化。

二、高考英语新题型对高中英语记叙文阅读的现实诉求

读后续写是要求学生在充分理解给定语篇的前提下进行模仿和创造的一种书面表达题型，是高考英语新题型，所给语篇一般为记叙文。姜琳等学者已通过实证研究证明读后续写对学生的二语写作水平有明显的促进作用。在完成读后续写题型时，学生首先应充分理解语篇、提取关键内容、把握文章主题、梳理行文线索、感受情感变化等，在此基础上再发挥想象力续写故事，且续写应紧扣主题、衔接自然、感情基调恰当，故良好的阅读能力是学生完成读后续写的重要前提。一方面，读懂是会写的基础，学生只有在读懂材料故事、情节、主题等的基础上，才能紧扣主题进行续写。另一方面，阅读材料也为写作提供了模板和素材，学生通过快速阅读材料，可以学习材料中语言描写、心理描写、动作描写、对比等写作手法，并将其应用于续写中，提高作文的质量。

所以，在高考改革的大背景下，记叙文阅读教学不仅关乎学生的阅读水平，还关乎学生的写作质量。那么，如何顺应高考新题型的改革要求提高英语记叙文的阅读教学质量？由上述分析可知，基于英语学习活动观的设计是实现高中英语记叙文以读促写教学目标的有效路径。

三、基于英语学习活动观的高中记叙文阅读教学实践

（一）教学实践的理论基础

在高中英语教学中，记叙文阅读不仅要求学生理解文本内容，更要求他们通过阅读活动提升写作技能。基于英语学习活动观的教学设计，能够有效地实现这一教学目标。本文以一节记叙文阅读课为例，展示如何通过整合课程内容的六要素，并设计综合关联的活动，来提升学生的思维深度，使阅读教学既具有整体性，又能够体现育人功能。

（二）教学实践的实施

本课选取的文本是北师大版高中英语（必修1）第一单元第三课"Your Life

is What You Make it"。该记叙文通过讲述大学生张天在贵州支教的故事，展现了他积极的生活态度和社会责任感，引导学生思考未来的生活选择，并鼓励他们坚持梦想，实现个人价值，成为对社会有贡献的人。

在确定教学目标时，教师依据英语学习活动观的三个层次：学习理解、应用实践、迁移创新，设计了以下目标。

（1）学生能够通过阅读获取并梳理文本结构，了解张天支教的细节信息。

（2）学生能够提取并概括张天思想情感的变化过程，形成结构化知识。

（3）学生能够分析并判断张天情感变化的原因。

（4）学生能够体会并欣赏记叙文的写作特点和语言特点。

（5）学生能够运用从文本中获取的有效信息，在新的情境中进行内化，并以小组合作方式进行迁移。

（6）学生能够评价张天的人生选择和实现自身价值的意义，对志愿者工作有全新的认知。

（三）教学活动的设计

在教学活动的实施中，教师设计了以下三个层次的活动。

1. 学习理解类活动

教师首先通过感知注意环节，激活学生已有知识，激发学生对文本的兴趣。例如，通过预测文本主题和观看相关短片，学生对文本内容和相关词汇有了初步感知。接着，在梳理和概括环节，学生通过快速阅读和复读文本，提取关键信息，绘制鱼骨图，强化语篇意识。

2. 应用实践活动

在应用实践活动中，学生基于所学知识进行角色扮演和展示。例如，学生分组模拟采访张天，通过内化所学的语言和文化知识，全面锻炼听、说、读、写、看的能力。

3. 迁移创新活动

在迁移创新活动中，教师引导学生对张天的人生选择进行思考和评价，并探讨志愿活动的核心精神。此外，学生在课后作业中应用所学知识完成一篇记叙文，实现知识的迁移创新。

四、教学活动的总结和反思

1. 教学活动的综合效益

本次教学活动的设计体现了学习活动的三大特点：综合性、关联性、实践性。通过一系列学习活动，学生在听、说、读、看、写五大英语能力上得到了综合锻炼，同时训练了逻辑思维、批判思维等思维能力。

2. 教学活动的连贯性

教学活动始终围绕张天支教这一核心内容，由浅入深地设计，确保了活动的连贯性。从学习理解层次到应用实践层次再到迁移创新层次，学生能够在不同层次上逐步深入地理解和运用所学知识。

3. 教学活动的学生主体性

本课坚持以学生为主体、以教师为主导、以学习为主线的教学原则，注重学生知识的内化和迁移，体现了实践性。

4. 教学活动的反思

教学活动虽然取得了一定的成效，但仍有改进空间。例如，教师在未来的教学中可以更加关注学生个体差异，提供更个性化的指导。同时，教师应不断探索更多样的教学方法，以适应不同学生的学习需求。

五、结语

英语学习活动观作为新课程改革的重要理念，强调教学目标与学生实际相结合，将知识学习与技能发展融入主题、语境、语篇、语用之中。教师在教学实践中应遵循循序渐进的认知发展规律，营造愉快轻松的学习环境，凸显学生的主体地位，鼓励学生参与课堂活动，实现教—学—评的有效融合，互促提升。

教师在践行英语学习活动观的同时，必须牢牢把握英语教学的核心和目的，避免为了活动而活动。通过积极践行英语学习活动观，教师可以总结经验和教训，助力学生英语核心素养的培养，提高学生的人文素养，让学生拥有美丽的心灵和高尚的灵魂。

参考文献

[1]梅德明，王蔷.普通高中英语课程标准（2017年版）解读［M］.北

京：高等教育出版社，2018.

［2］冀小婷，代俊华.“六要素”整合下的英语学习活动观及其实践［J］.
教学与管理，2018（19）：64-66.

［3］章策文.英语学习活动观的内涵、特点与价值［J］.教学与管理，
2019（19）：47-50.

［4］姜琳，涂孟玮.读后续写对二语词汇学习的作用研究［J］.现代外语，
2016，39（6）：819-829，874.

第二节　课题研究：经典文学作品阅读和学生思维品质生成的教学探究

一、课题开发背景（问题的提出）

（一）研究背景和意义

长期以来，国内外的教育专家对阅读促进一个人的成长进行了深入的研究，认为阅读是获取信息、认识世界、发展思维并获得审美体验的有效途径。国家督学成尚荣教授指出：课堂教学改革就是要超越知识教育，从知识走向智慧，从培养"知识人"转为培养"智慧者"。因此，英语阅读教学对促进知识、能力与美德的综合提高，激发发现问题、认识问题和解决问题的智慧生成有着深远的意义。

《普通高中英语课程标准（2017年版2022年修订）》与时俱进地确定了普通高中英语课程的培养目标：进一步提升学生综合素质，着力发展核心素养，使学生具有理想信念和社会责任感，具有科学文化素养和终身学习的能力，具有自主发展能力和沟通合作能力。因此，通过有效的英语阅读教学对培养有智慧、有担当的社会主义新时代的人才有着时代意义。

那么，什么样的阅读教学将对学生思维品质的生成起重要作用呢？

本课题的研究主要基于以下几点思考：

（1）阅读在英语学习方面有哪些重要性？

（2）什么是丰富的字、词、句法、文化的载体？

（3）教师自身是如何提高英语水平的？

（4）如何更好地读懂或理解文章？

（5）什么样的文章还有其他的呈现形式？

（6）如何说明已读懂文章？是不是只有做题一种方式？

在以往的教学和活动组织及教师自身学习过程中，我们发现：

（1）经典文学作品是丰富的字、词、句、语法和文化的载体。

（2）教师在经典文学作品中也能得到专业水平的提高。

（3）经典文学作品表现形式可以加深我们对戏剧文本的理解。

（4）经典文学作品的解读、演绎、描述和再创造，既能锻炼学生的能力，也体现出我们对文本的理解。

因此，经典文学作品对学生学习英语会有帮助，对阅读教学而言也将是很不错的素材，但是和其他英语阅读的文本相比，它有哪些优势，又将起到哪些突出的作用，这些都是我们将要探究的内容。

（二）研究目标与内容（针对问题）

研究的目标为：探究不同的经典文学作品阅读教学将促进师生哪些方面的智慧生成。

具体研究内容为：

（1）学生对语言的认知和感悟如何通过小说文本阅读得到提高？

（2）教师如何借助戏剧、小说文本阅读教学提高自身的专业水平？

（3）如何利用经典文学作品阅读教学促进知识、能力与美德的综合提高？

（4）如何利用经典文学作品激发学生发现问题、认识问题和解决问题的能力？

（5）如何具体体现戏剧经典文学作品教学对学生智慧生成的帮助？

（6）什么样的教学组织形式能最好地体现经典文学作品阅读教学的作用？

二、课程开发大事记（问题解决的过程）

课程开发的过程，按照"观摩—问题—设计—实践—反思"的基本模式进行。

2018年6月—2019年9月：观摩学习；思考与戏剧文本教学相关的问题；制作问卷进行调查，了解学生起始阶段；制定研究计划。

2018年9月—2019年2月：分析问题，找出解决办法，听讲座，研读戏剧文学书籍及戏剧文本教学相关书籍，撰写教学设计。

2019年2月—2019年12月：课堂内外教学实践，磨课、听课、研讨。

2019年12月—2020年4月：反思，撰写论文。

2020年4月—6月：完成成果汇总及撰写结题报告。

2020年10月：专家评审。

三、教学设计与教学实践（问题解决的方法和主要内容）

（一）戏剧表演

问卷调查分三次进行。课题研究初期进行了第一次问卷调查，分析了解了学生在戏剧表演活动方面的兴趣爱好、在戏剧文学学习方面的经历、对戏剧文本类型的偏好及对课堂开设戏剧文学课及课后组织与戏剧表演相关活动的看法。在被调查的高一、高二、高三的150名学生当中，约69%的学生喜欢戏剧表演类型的课程或活动，49%的学生喜欢英语电影及英文小说或戏剧文本，90%的学生喜欢与戏剧表演有关的活动，如戏剧表演、电影配音比赛、经典诗歌朗诵。调查结果表明，绝大多数学生觉得英语戏剧文本的学习或表演会带来很多的快乐和收获。课题研究中期进行的第二次问卷主要了解学生对目前开展的戏剧文本教学的感受，如：经过学习，是否比之前更了解和喜欢英语戏剧表演了？是否会对英语戏剧作品产生兴趣，继续给予关注和学习？戏剧课程中的收获有哪些？戏剧课对英语学习起到了哪些帮助？老师所做的人物分析指导和针对表演提出的建议是否有帮助？通过自己或者同学们的表演，是否对作品中人物有更深的了解？如果老师邀请你参加戏剧演出，你会尝试吗？这一系列的问题，数据很直观地反映出了学生在戏剧文本教学中的收获，以及对教师教学指导和戏剧文本教学作用的认同。结题前对学生所做的第三次问卷调查主要围绕课题研究以来学生在戏剧文本教学实践中的进步情况展开。近94%的学生表示戏剧文本教学课程的开展及戏剧相关课外活动的组织让他们学到了更多的英语文化知识，更能理解不同文化背景下不同的思想和行为方式，形成了借助表演和联想进行学习和记忆的习惯，学会了团队合作，英语口语能力有很大提升，在公众面前更加自信、更愿意表现自己。学生还提出希望能在下一阶段进一步继续阅读学习及参演戏剧文本，如《李尔王》《哈姆雷特》《罗密欧与朱丽叶》《威尼斯商人》《皆大欢喜》《音乐之声》《阿凡达》《窦娥冤》等。

（二）书籍阅读

购买三类书籍，一类为英文及中英文读本，如书虫系列、莎士比亚喜剧及悲剧系列、床头系列、多维阅读系列、阳光阅读系列等，供师生利用课堂、课余时间阅读，拓宽阅读面及文学阅读理解深度；一类为共读本，如黑布林英语阅读系列：《圣诞颂歌》《秘密花园》《化身博士》《傲慢与偏见》《远大前程》《雾都孤儿》《奇迹男孩》等，供教师授课使用，对文本进行深入挖掘；一类为戏剧教学指导读本，如《高中英语小品与课本剧》等，供教师学习参考，指导课堂设计。同时，教研组及课题组对部分书籍进行了专题集中读书研讨，确定部分书籍的教学目标及教学过程的开展方式。研讨过程中，参会教师谈阅读心得、体会、文本语言形式特点、文化、体裁、文本主题的闪光点，为授课教师的教学设计提供建议与帮助。

（三）讲座观摩

参加各级各类与戏剧表演相关的讲座，如外教社英语启蒙教育系列讲座中戈向红老师的"打开英语阅读的魔盒""通过绘本学习语法""通过绘本学相处"，四川成都市武侯高级中学孙洁老师的"野性的呼唤"，北京师范大学外国语言文学学院孙慧老师的"英语分级阅读与主教材融合的路径与实践探究"，芳草地国际学校富力分校吕帅老师的"基于单元主题与分级阅读融合的教学实践与探索"，上海外教社初中英语阅读教学观摩研讨会暨第三届"黑布林英语阅读"全国优课大赛赛前培训会，观看了扬州市广陵区教研室周雪晴老师执教的"赏析英语名著《鲁滨逊漂流记》"、同安一中王茹兰老师执教的"《夏洛的网》小说主题意义探究"等。在讲座与公开课学习和观摩过程中，课题组成员进行了总结与反思，如：戏剧文本阅读除展示课外，平时授课的内容可以分为哪几类？在课堂教学中，情节表演的形式、频率、比重应如何把握才能最大限度地发挥戏剧文本教学的作用？如何在阅读前对教学进行整体规划？如何将课内戏剧文本阅读与课外戏剧表演有机结合？如何选择适合开发为戏剧文本教学的素材？戏剧文本教学如何成为常规教学的有效补充？讲座与公开课在一定程度上解决了课题组教师的部分问题。带着余下的问题，课题组研讨解决，并着手进行戏剧文本教学课程规划及教学设计。

（四）教学规划

在学年开始，课题组对一学年的戏剧文本教学课程及课外活动内容与形式进行规划。课程包括与北师大教材相关的文学作品教学课、《傲慢与偏见》读本课堂教学、《远大前程》读本课堂教学、以黑布林英语阅读系列为主的校本课程，如《圣诞颂歌》《野性的呼唤》《奇迹男孩》校本课程及以英语经典诵读、英语配音比赛、英语戏剧表演大赛等形式为主的课外活动形式。

（五）教学设计

针对经典文学作品文本的特殊性，结合一阶段以来戏剧教学与小说阅读讲座及文学名著作品教学公开课的学习，从两个方面进行戏剧文本的教学设计。一是教学设计按经典文学作品文本的教学角度设计分戏剧文本阅读与小说审辨式思维培养课、戏剧文本背景解读课、戏剧文本分析理解课、戏剧文本人物情感分析课、戏剧表演指导课等。二是教学设计按小说文本阅读教学的功能分为小说文本阅读与学生思辨能力素养提升、阅读与表演、戏剧文本阅读与听说技能、文本阅读与英语综合能力提升等。

（六）课堂实践

在教学设计的撰写与探讨的基础之上，教师以课堂实践的方式验证教学设计的严密性与合理性。

（七）课外实践

除课堂外，以戏剧文本解读为前提的课外实践活动加深了学生对经典文学作品文本的理解及文本背景和文化的体会。课题组组织英文经典诵读比赛，学生读《简·爱》《动物农场》《飘》《了不起的盖茨比》等；组织英语戏剧配音比赛，学生为《音乐之声》《花木兰》《头脑特工队》《疯狂动物城》《寻梦环游记》等电影片段配音；组织戏剧表演大赛Drama star，学生表演《基督山伯爵》《三打白骨精》《仲夏夜之梦》《项链》《亚瑟王》《白雪公主》等，将经典戏剧文本以独特的方式改编演绎。学生演前讨论文本、体会人物、根据舞台需要改编细节，最后演绎人物，在课外实践活动中，读演相长。

四、课题成果（成果的主要内容）

（一）探究经典文学作品相较其他文本在英语学习上的优势

1941年，叶圣陶老先生在《论中学国文课程标准的修订》中首先提出了整本书的概念。他提出：把整本书作主体，以单篇短章作辅佐。在叶老先生看来，整本书阅读在养成阅读书籍的习惯、培植阅读和欣赏文学的能力、训练写作文字的技能等方面所产生的作用是不容小觑的。英语教学亦然。《普通高中英语课程标准（2017年版）》提出包含"语言能力""学习能力""思维品质""文化意识"四个维度的学科核心素养体系，提出必修课程阶段课外阅读量平均每周不少于1500词（必修课程阶段不少于4.5万词）和选择性必修课程阶段课外阅读量平均每周不少于2500词（选择性必修课程阶段不少于10万词）的要求。核心素养的培养及阅读词汇量要求的达成，单靠目前以单篇短章形式为载体的精读教学是难以实现的，而具有丰富内容、词汇、语境和信息的整本书阅读则能更好地改变当前学习内容与形式的欠缺，提高学生的实际英语水平，达到《普通高中英语课程标准（2017年版）》制定的课程目标。以《奇迹男孩》为例，本书以生动的故事为载体，呈现大量地道口语、动作及心理描写、语境体会、人物特点及判断情节发展等，为学生英语语感的培养创造了极好的条件。

（二）探究经典文学作品在学生思维品质生成方面的重要作用

1. 经典文学作品阅读教学与审辨式思维的提高

（1）戏剧文本阅读教学激发学生质疑意识。

（2）小说文本阅读为学生提供充足的思考空间。

2. 经典文学作品表演与英语素养的提高

把阅读和文学两者有机结合起来可以助力学生英语"悦读"，真正培养学生的阅读兴趣，从而提升学生的文学阅读素养。戏剧表演前，学生要广泛阅读才能找到合适的"剧本"。学生阅读不同的"剧本"，也就是在阅读不同的题材和体裁。这是他们自发阅读的脚本。这种阅读模式不是为了做题，而是真正的"悦读"，学生在真实的情境中品味英语语言的魅力，置身于角色中，体会角色的情感，预设故事的结局。从这种主动体验式的阅读中所获取的语言知识和语言能力是被动式阅读所无法比拟的，久而久之，它会内化成学生的语言素养。

3. 经典文学作品表演有效提高学生英语综合能力

读合适的"剧本"后，学生还需对"剧本"进行操刀改写。改写既要符合作品原有的语言特点、人物身份及性格特点，又要尽量贴近学生的语言水平，这对学生的写作能力是一种锤炼。为了更生动地再现角色的形象，学生还要不断地听原声作品，看一些戏剧表演，反复演练，直至能逼真还原他们所扮演的角色。一场戏剧表演，将阅读、会话、听力和写作有机结合起来，促进学生综合语言运用能力的发展。

4. 经典文学作品表演有助于提升学生文化意识

学生进行英语戏剧表演是对英语文化、英语语言深入的感知和切身的体验。英语学习不再是枯燥的课堂操练，而是让学生置身于戏剧情境中，借助自己所扮演的角色进行自信真实的语言表达，是一场精彩绝伦的亲身演出，一种快乐的学习体验。

5. 经典文学作品表演促进学生良好思维品质和学科素养的形成

良好的思维品质对英语学习具有推动和促进作用。对小说、戏剧文本的挑选就是学生思维品质中批判性思维的一种体现。对经典小说、戏剧文本的编写改写则折射了学生的创造性和思想性。学生在戏剧表演中对突发事件的应对能力就是他们的敏捷性和灵活性的体现。在准备一场戏剧表演过程中，会遇到很多困难，学生能够多方面、多渠道地寻求解决方法，这需要他们的协作力、同理心和责任心。学生在老师的指导下，主动参与，自主组合，借助戏剧表演这样的一种语言文化氛围，一起合作、实践、交流、探索，借此他们的自学能力、合作学习能力、实践探究能力、语言交际能力都在不断增强。

（三）探究经典文学作品阅读教学的课堂形式

1. 教学设计的思考

（1）长期持续

整本书阅读要求学生完整阅读一本书，既包括对全书脉络的通盘把握，也包括对全书内容的周延思考。它不同于教材里的单篇阅读，不应在阅读过程中出现中断、停滞等影响阅读理解的情况。因此，整本书阅读教学设计应是对整本书阅读做出的一个中长期、连续不断的完整考虑，以期学生在长期、连续、合理的阅读过程编排下提高英语水平。教师在布置整本书阅读任务及进行教学设计前，应把握好本书所需要的阅读时间，并做好系列阅读课程的规划。

（2）任务驱动

整本书阅读跨度长于单篇阅读，教师需要以布置阅读任务的形式驱动学生进行有效阅读，并通过任务的完成保证学生深度阅读，达到理解的深化和思想水平的升华。任务驱动是对学生阅读方向的引导，也是学生有效、深入阅读的保证。

（3）专题讲授

整本书阅读教学与学生自主阅读及短篇精读的不同之处在于教师将会以各

种专题课的方式对学生的整本书阅读提供支持，保证阅读过程的顺利进行。整本书的阅读教学课可根据功能分为导读课、阅读技能指导课、文本分析课、主题探究课、跨学科背景文化知识课、赏析研读课、总结展示课等。整本书的阅读教学提供学生通过自主阅读无法获取的知识、技能补充，引导学生在群体氛围中探究与本书主题意义相关的、值得探究的问题，使学生的认知与理解得到拓展与提升。

（4）课外延伸

整本书阅读相比单篇短章阅读来说，有更多的课外延伸学习的素材，如相关书目读后感延伸阅读、相关题材文章对比阅读、对应的电影或音乐剧赏析等。这些素材的阅读或观看有助于进一步加深学生对整本书的理解，与学生的阅读体会产生共鸣或冲击。学生在这个过程中学会发现问题、学会判断和思辨，形成自己的独立体会和理解。

2. 问题导读设计的思考

（1）有浅层，有深入。

（2）有细节，有理解。

（3）有归纳，有延伸。

由浅入深的问题引导学生逐渐深入思考，顺利实现教师预期目标；细节和理解的问题引导学生观察、赏析文字并学会体会；有归纳和延伸理解作用的问题培养学生的归纳、提炼的能力，并引导学生以文本为依据阐述自己的观点。

（四）探究经典文学作品阅读教学与课内外活动的整合形式

整本书阅读的活动设计可参考以下几种形式：

写：读书笔记、续写、改写、概括、思维导图、读后感、翻译等；

看：译文、书评、读后感、电影、话剧等；

做：书签、海报、读书小报、阅读板报、词汇表汇编等；

演：角色朗读、演讲、配音、短剧表演等。

（五）探究经典文学作品阅读教学的选材方式

从内容和难度看，书籍选材应是内容上适合学生的，如青少年文学、科普书、人物传记、经典名著等。难度上应该注意把握学生的词汇水平，所选择阅读书籍的难度应在学生现行词汇水平基础上有适当提升，不应过于简单，如果阅读没有任何障碍，学生没有获得感、提升感；但也不应过难，难度较大的文本会打击学生的阅读积极性，令学生失去继续阅读的动力。

从语言和表述看，书籍选材应是语言地道、不晦涩难懂的文字。作品内容描述或细致，或形象，或生动，或感人，让学生在品味文字时能受到作品语言文字的感染和熏陶，从而使得学生的语言功底、赏析水平得到提升。

从作用和意义看，书籍选材可以是知识型、故事型或论述型。学生可以通过作品阅读获取知识，了解文化和历史，提升鉴赏水平或提升思辨能力，等。

五、经验与反思（效果与反思）

（一）课题研究的效果与反思

1. 课题在课题研究目标及"智慧课堂"模型的引领下不断改进和推进

在制定课题时已充分考虑课题研究的目标并依据目标达成的条件制订了完备的研究计划，通过大量资料查询及实践，探究出了课堂内外教学的基本模式。目前的教学重素养及学生综合水平的提升，是素养导向的课堂，符合省普教室提出的"智慧课堂"模型，即利用"教学"维度带动其他四个维度发展。从课题研究前后对照比较，课题组教学得到了充分的发展。

2. 戏剧文本教学的开展应统筹规划并成体系

应合理编排书籍资源，使之体系化，从而成为课内单篇阅读文本的有效补充；应有效针对不同体裁和内容的书籍设计不同类型的课，为学生提供指导并驱动学生持续阅读，等等。

3. 戏剧文本教学对教师专业水平提出更高要求

戏剧文本教学对教师专业水平提出了更高要求，教师也应通过戏剧文本阅读或与学生共读的方式提高自己的专业水平，以便高屋建瓴地指导学生进行整本书阅读，最大限度地发挥教师的作用，这样才能更有效地实践课题，体现戏剧文本教学的实践意义。

（二）教研机制发展的成果和反思

采取省基地校领导组织下以课题组成员为主，英语教研组成员为辅的教学研究机制，并常态课、校本课、课外活动三条线开展教学研究。课题研究以问题为切入点，以目标为课题驱动，同时借助课题推动校本教研和校际联动，开展纵横协同研究。在课题研究过程中优化课堂教学，提高教育教学质量。最后，及时总结研究经验，整合研究成果，推动学校走出去和引进来，利用各种形式的教研活动推广研究成果。

　　学校在课题领导组的指导下，组织课题组成员开展理论学习，建立校内研修平台，形成一系列工作制度、管理制度、评价奖励制度，将重点放在教育实践和课堂教学上，放在学生的学习和发展上，逐渐形成戏剧文本教学辅助课堂教学的英语教学模式，并在教学中发挥课题研究的作用。

第三节　Internalization阶段的教学成果

小说节选阅读课教学设计
——（Module 3）Literature Spot 3 *Frankenstein*

一、文本分析与设计思路

本堂课以北师大版高中英语教材（必修3）Literature Spot 3 *Frankenstein*（《弗兰肯斯坦》，又名《科学怪人》）为文本，设计为文学赏析活动课型，重点探讨小说人物的复杂性格和小说反映的问题，并迁移到现实中人工智能的开发问题，最后让学生在作业中结合讨论内容阐述对AI利弊的看法，实现读后续写。本课设计由浅入深，从故事人物到主题再到现实层层推进，学生因而对整书有了较深入的理解，也培养了听、说、读、写综合语言能力与批判性思维能力。

二、教学目标

在"产出导向法"教学中，如何提高促成有效性成为亟待解决的实践难题。2017年，文秋芳提出三个基本判断标准：渐进性、精确性、多样性。根据这一基本内涵，本节小说节选阅读课将聚焦于达成以下目标：

（1）为学生梳理小说四大基本要素（背景、情节、人物、主题），循序渐进输入，为后面的输出搭建脚手架。

（2）对接人物个性分析这一较为复杂的产出目标，通过音视频、学生现场表演、原文分析等不同途径，弥补产出缺口，让学生更加精确地输出。

（3）融合阅读、视频观看、表演观看、口语表达、书面表达等多样的活动方式及信息形式，进一步优化促成，让学生不仅输出了语言（由词到句到段落），而且对于小说中人与科技这一主题有了更深入的理解，并能够迁移到今天的AI应用。

三、教学重难点

（1）思辨性问题，对于部分英语基础尤其是口语较为薄弱的同学，现场即时的口语产出可能存在产出单一、内容不够丰富等问题。

（2）学生在产出表达时能够自如地使用一些语言，但对某些较为陌生的目标语言回避使用或者错误使用。在短时间教学中如何促使学生有效、灵活应用目标语言。

四、教学过程

Teaching steps	活动（Activities）	设计意图
Before the class	完成班级QQ群内关于"AI"话题的问卷调查。	利用QQ的"投票"功能，让学生完成投票并统计问卷结果。通过课前的了解，更好地洞察学生对于这一引申话题的立场。
	让学生利用课余时间观看电影《科学怪人》	观看电影丰富和完整了学生对小说的整体认知，为后续分析做好铺垫
Step 1: Warm-up	Task 1. play the movie trailer. Task 2. Answer 2 questions related to the video	给学生播放电影《科学怪人》的预告片，激发学生兴趣并导入本课内容
Step 2: Review	Present Ss' mind maps drawn before and invite a student to retell the story so as to review the main plots. After that, use a diagram to present the relations between characters because it is exactly the contradictions shat showcase the theme of the story	邀请一名学生利用思维导图复述故事大意，并用一张关系图帮助学生厘清故事中主要人物的关系，为后续的思考与讨论搭建内容和语言脚手架

续 表

Teaching steps	活动（Activities）	设计意图
Step 3: Analyse the characters	Task 1. Imagine and think about the question. (Q: In the end, the monster jumped into the ice to commit suicide because of guilt. If you were the captain, would you save him or not and why?) Task 2. Two students act out a dialogue of the story to provide more background information and further lead to the discussion and analysis of the two characters, with students divided into two groups	创设真实情境，让学生大胆想象这个开放性问题，思考与讨论是否会拯救这个可悲又可恨的monster，让思维碰撞出不同的火花。 教学循序渐进，邀请两位学生分别扮演Frankenstein和Vicotr，呈现monster对其制造者的愤怒与怨恨，两名主角对于自己身份与使命的困惑。身临其境的场景让学生兴趣盎然，也能设身处地与角色产生共情。 在教学中，教师通过多媒体呈现一些目标词汇与句型，帮助学生优化其输出表达
Step 4: Inspiration	Task 1. Introduce some examples of AI to lead in the topic. Task 2. Students discuss and share the benefits and dangers of AI according to their previous research on the Internet. Task 3. Based on the previous findings, students discuss over two questions. Q1: Will AI rule the world one day? Q2: In modern society, how should human beings develop new technologies like AI?	利用其他电影图片、视频等引入AI这一话题，启发学生思考当下AI技术与运用的利弊及应注意的问题。 在本课之前，学生已经阅读过关于AI的补充材料，并进行了单词、短语、句型的逐级训练，如中英文对译、句型转换、相关主题段落撰写等。因此，本环节的输出相对而言较为顺畅，产出有效性高，学生成就感强
Step 5: Summary and homework	The teacher summarizes the whole lesson and assign homework. Write a short passage of around 100 words to state your opinions on AI according to the story and the discussion. Finish reading the extended reading material Benefits and dangers of AI; Finish reading the novel Frankenstein before the end of the semester	课后作业，学生在智学网平台上提交100字左右的关于AI利弊的小作文，教师批改给分，并展示优秀作业。书面写作也是丰富和巩固产出的一个极好的形式。 教师将整本小说电子文本上传到QQ群，让学生利用晚上的阅读时间来进行整本书阅读，加深理解，同时在阅读中感受文学的魅力

五、教学反思

本堂课是一节文学赏析活动课，也可以说是一节语言实践课，在整堂课的教学中听、说、写交融在一起，凸显在实践中实现听说能力的协同发展。本节研究性学习课以学生为中心，教师主要起引导协调作用，通过利用多种课堂策略、创设多元的情境，让学生在语言实践中循序渐进地培养自主学习、思辨与输出的能力。根据"产出导向法"的三大内涵（渐进性、精确性、多样性）而设计的这一课例，总体来说比较成功，课堂教学目标基本实现，学生进入沉浸式学习环境，课堂氛围活跃，师生互动良好，学生的产出数量与质量均得到提高，课堂效率较高。不足之处在于，这节课的课前准备还是比较多的，学生需要阅读补充材料、完成语言训练、观看电影等。在平时繁忙的课业中，学生是否都有这样充足的时间去应对每一节课呢？如果无法做到，那么产出的精确性和多样性如何具体有效落实，还需要更多的探索。

Teaching Plan for Flipped
Chapter 3&4 Reading

I. Learning Objectives

At the end of this period, students will be able to: get a general idea about how to read a novel by using the Reading Binder;

Work out the story line by using the Freytag's Pyramid;

Capture the main characters' emotional development;

Sum up the main characters' personality traits based on the two chapters;

Share their ideas with each other.

II. Teaching Process

Activities	Intentions	IP & Time
Step 1: Lead-in Show a video about Flipped and gave a brief introduction to the novel. Introduce the method to read a novel—Reading Binder	To lead students into the topic of this lesson. To arouse students' interest	4 minutes
Step 2: A Closer Look at Chapter 3&4 Freytag's Pyramid & Emotion Tractor	To help students sort out the story line of Chapter 3&4. To help students extract the emotions of the main character related to incidents. To help students sum up the characters' personality traits	15 minutes
Step 3: Reading Salon Based on what Ss have read and the Binder they have worked out, Ss are invited to do group presentations about Reading Log and Word Bank. Qs for Discussion	To check the outcome of students' self-reading. To offer students a stage to share their ideas. To guide student to think beyond the chapter	18 minutes
Step 4: Comparison or Contrast Ask Ss to make comparison or contrast about things from the two main characters' perspectives	To enlighten Ss to the differences in description from the two main characters' perspectives	7 minutes
Step 5: Summary and Assignments Finish the last page of the Reading Binder	To help students consolidate what they have learnt in this lesson	1 minute

高中英语读后续写教学实例

读后续写作为英语新高考题型，于2016年浙江省新一轮高考英语改革中出现，随后该题型又陆续出现在试点省份的高考英语试题中，后随着高考综合改革试点的推广在全国范围内使用。读后续写要求考生依据该材料内容、所给段落开头语和所示关键词进行续写（150词左右），将其发展成一篇与给定材料有逻辑衔接、情节架构自然而且结构完整的短文（教育部考试中心，2015年）。

这种写作方式对学生英语综合能力提出了空前的要求，在读后续写的教学实践中，以及阅卷结果反馈的数据来看，考生在读后续写题型中的得分普遍不理想（李斌，2021）。日常教学中的问题也逐渐凸显，学生是否能快速内化阅读材料，外化写作产出；是否能够准确理解作者意图，合理推测结局；是否能做到把握作者写作风格、使文章结构完整、逻辑形成闭环。

为解决上述问题，本文从产出导向法"学用一体"的理念出发（文秋芳，2015），探索"学"和"用"的有机结合，希望将输入性的语篇理解和产出性的语言运用形成统一，寻求有效途径，提升学生读后续写能力。

结合学生在设计语篇结构时经常出现的缺乏想法和结局不切实际的问题，笔者通过产出导向法（Production-oriented approach）"驱动—促成—评价"的教学流程，引导学生体会"戏剧冲突"在故事情节发展中的不同作用（顾仲彝，1978），从而合理预测，使续写内容贴近故事走向且符合实际。

一、产出导向法在读后续写教学中的应用

产出导向法经过多年的理论和实证研究，被证实为有效提高语言学习者能力的方法。这一理论指出，教学材料和教学手段对英语教学的"产出"有关键作用。"读后续写"的实质是实现"两个协同"，即语言输入和语言输出的双向协同、学习者—文本互动与学习者—学习者互动的协同（俞贵飞，2017）。以最终目的为导向的教学材料选择和教学手段应用可以高效促成产出。依据产出导向法理论，在"续写"这个产出的指导下，通过教学材料的"学"和教学手段的"辅"，实现读后续写能力的"用"。该理论提出"学习中心说""学用一体说""文化交流说"和"关键能力说"等理念，创设了"驱动—促成—评价"的教学流程。

读后续写的教学必须明确地服务于"续写"这一目标。产出导向法所提出的"促成有效性标准"有渐进性、精准性和多样性三个内涵。本文希望通过使学生深入理解"戏剧冲突"对于完整故事的作用，实现教学和学生能力提升的渐进性；而以"续写"能力为目的的阅读过程则能实现教学的精准性；戏剧冲突带来的多重作用使学生拥有更多合理选择，实现续写的多样性。如此，"学

用一体"不仅能切实提升学生的表达能力，更能使其在续写故事时仿其形，合其思，创其意。

二、产出导向法的读后续写实例

本文的教学内容为"面试"，为辽宁五校2021年联考题目。采用产出导向法的"驱动—促成—评价"教学流程，两个课时完成。

这篇阅读材料讲述了一位紧张的求职者在即将面试之前，因电梯故障被困其中。文章情绪刻画细致，冲突张力饱满。在教学过程中，通过思考与理解（驱动）、讨论与选择（促成）、写作与互评（评价）等一系列的活动，明确写作方向，完成续写任务，让学生明白处变不惊、从容应对也是成长过程中重要的品质，培养学生面对困难时的积极心态。

（一）驱动环节

在这一环节，教师着重引导学生思考并理解冲突"conflict"在故事情节推进中的意义与不同作用。

首先，播放一段简短视频，视频中电梯里的人们在愉快交谈，突然间，电梯故障，运行停止，灯光全灭。教师提出问题："How would you feel if you were in that elevator?" "What would you do?"

学生在口头回答时，可以很好地复习与紧张、慌乱情绪相关的描述和表达。例如："my head just went blank" "I could hear the panic in the air" "an invisible hand caught my throat" "Screams filled the small space. I wanted to shout too, but I could seem to move a muscle." "The thumping of my heart became so great that it almost broke my ear drums."

快速阅读文本材料，学生了解到主人公背负着面试的压力遭遇险境，在双重压力下，人物的表现和行为直接关系到故事的发展和结局。为了进一步激发学生的兴趣，此时教师展示Freytag's Pyramid，让学生思考：故事停止的地方，是金字塔的哪一个部分。

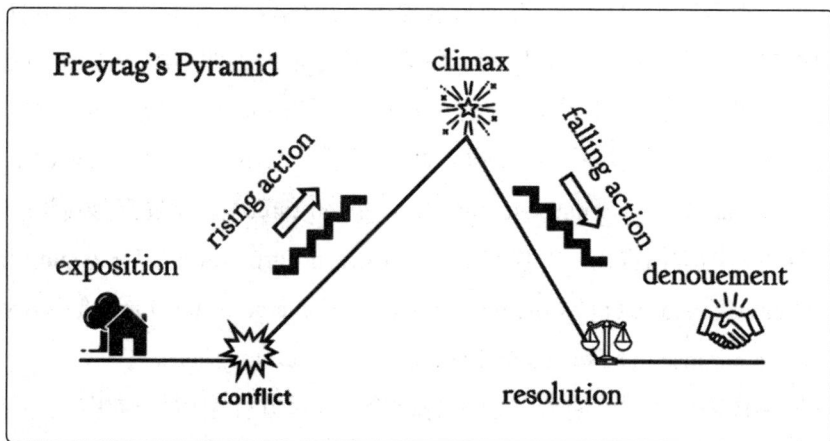

通过投票，大部分同学认为这个故事在呈现了conflict之后就戛然而止，简短地探讨后，达成一致意见。

此时，教师提问："Are conflicts welcome in our life? If not, why is there always a conflict in every story?"

同学们结合自己的阅读经验，很快提出几种说法："这样才有戏看（so that there is a show to watch）""使观众好奇（make the audience wonder）""制造紧张感（make people nervous)""突出人物性格(highlight character features）""推进故事发展（push a story forward）"等想法。教师在肯定他们的回答之后，展示三个电影的简短片段，介绍"戏剧冲突"在故事情节发展中最常见的三种作用。

展示的三个电影片段分别为《神奇动物在哪里3》《神秘海域》《指环王》。电影片段能快速有效地吸引学生关注并引起思考，选择学生熟悉且极有可能观看过的电影进行展示，可加深学生共鸣且不需太多的时间投入。最后得出冲突的三个主要功能：

Conflict supplies tension.

Conflict supplies the stakes and odds that create rising and falling action.

Conflict is a crucible in which characters can grow and change.

简而言之，戏剧冲突为故事的发展提供了"危机""利害关系""意志锻炼"（顾仲彝，1978）。

产出导向法指出，要做到"始于产出，止于产出"，续写的结局虽然说是

149

千人千面，但教师需要将学生导向自我思考，产生合理结局，为了推出合理结局，对故事"冲突"的理解和作用，就必须有尽量深刻的理解。考场上时间有限，为学生提供最能推测合理结局的大方向，是"促成"环节成功的关键。

经历了"思考与理解"，教师再抛出问题："In a short story like this, does conflict has a *correct* purpose out of the given three?" 经过充分讨论，在教师的引导下，同学们得出一个结论："All given purposes can be at play in the development of a story, but as the person who is in charge of finishing the story, one can choose a purpose to be the main direction where the story goes."

理解不代表接受，只有经过思考与讨论，才能在体会中形成想法，从有限的续写空间中，获取足够的主动权，既发挥想象，又不偏离原文现实。

（二）促成环节

根据《普通高中英语课程标准（2017年版2020年修订）》的要求，在文本阅读训练中，应当适当地穿插看图预测、提取信息等看、说、写的各类活动。因此，在促成环节，结合图片、表格、思维导图等，使学生加深对文本的准确把握和理解，更好地掌握故事方向，获得更好的读后续写结果。

基于此，在此环节中，教师请同学依据"我"的行动，在Freytag's Pyramid图表中进行标记，从而发现续写任务相对于他们以前遇到的题目，范围更大，如此是否更好写呢？结合对"冲突"的理解，是否选择一个主要方向就可以呢？

这时，教师提供两个场景，让同学们思考是否能产生使人信服的合理结局。

Scenario 1：The writer, after some effort and struggle, got out of the elevator all right, but he missed the interview and didn't get a job.

学生看法：过程符合情理，但是结局有点令人失望。

Scenario 2：The writer kept his cool in the elevator and got out of it unharmed. Even though he missed the interview, he still got the job.

学生看法：过程合理，结局令人欣喜，但是需要一个理由才能被接受。

教师播放教学视频，讲述"resolution"在故事的合理性发展上的重要作用，"冲突"的"解决"，如果过于简单，容易让读者产生失望的情绪。反之，如果过于复杂，则难以理解或是需要长篇大论才能完成，不符合续写的现实条件。因此，冲突应该配以与其程度相符的解决方式，才能使结局为读者所接受。

接下来，分组讨论，学生根据表格，依据文本关键词，选择冲突的一个作用，设计合理的结局，完成续写任务。

Indicators的设置让学生寻找有指示性的关键词，辅助做出合理的选择。Resolution则由学生自由发挥，写出简洁的词句，再展开写作。

以选择"Tension"为例：

Main Direction	√ Tension □ The stake □ Crucible
Indicators	nervous / tapping of foot / anxious / hands began to sweat / getting warmer / a man told me to join him
Resolution	Panic first and heard screams; started singing loud to get attention; tell people it would be all right; missed interview, but the man was impressed, so he helped me reschedule an interview

任何技能的培养都应建立在深刻理解后的动手实践上。讨论使学生更容易发现彼此想法中哪些是不合理的，更快地想出相应解决办法。

王初明教授指出："含'续'任务的突出特点是语篇不完整，刺激学习者补全拓展，在产出内容的过程中以前文为样板学用语言。"因此，将"关键词"称为"指示词"有助于学生更快地把握文章风格，寻找更加有针对性，也方便学生更准确地使用原文词汇，保持调性一致。

（三）评价环节

写作教学中，评价不可或缺。教师通过评价，可以了解学生任务完成是否到位，学习目标是否落实，也方便就疑难点和普遍问题进行针对性讲解。学生互评，可以拓宽思路，通过和同学对比，自省并向其他同学学习。"'修改'是'促学'的必经之路"（孙曙光，2017）。产出导向法也指出，要重视通过对学生产出结果的有效评价来发挥评价结果的诊断功能和促学功能，同时为下一步教学方案的指导和调整提供参考。

《普通高等学校招生全国统一考试英语科考试说明（高考综合改革试验省份适用）》的读后续写评分标准非常明确，为配合课堂使用，根据教学实际，本文将读后续写的评价标准做出如下设计：

评价角度	分值与说明					得分
与原文融合度	5（高）	4（较高）	3（一般）	2（较低）	1（低）	
故事合理度	5（非常合理）	4（较为合理）	3（合理）	2（较不合理）	1（不合理）	
语法准确度	5（无重大错误，不影响表达与理解）	4（有些许错误，不影响表达与理解）	3（有一些错误，不影响表达与理解）	2（有一些错误，影响表达与理解)	1（错误较多，严重影响表达与理解）	
综合评价	5（21~25分）	4（16~20分）	3（11~15分）	2（6~10分）	1（1~5分）	

在评价环节，教师首先引导学生运用该表完成自评。接下来，同桌互评，通过对比结果探讨不同意见与修改建议。然后学生自荐，展示自己和搭档的评价结果和修改建议。最终，教师选定一份匿名文章，邀请全班同学共同修改，并就普遍的语法错误和语用错误，开展针对性教学进行纠正。

三、结论

在产出导向法的指导下，读后续写教学可以形成一个有效的闭环，促进学生思维发展，激发学生表达意愿。以产出为指导的有效促成，"将产出水平推向一个新高度"（文秋芳，2015）。在这样的教学过程中，学生深刻了解英文语言思维，能对人物行为进行分析和合理化推测，同时，语言能力、思维品质、学习能力得到有效发展和提升。

当读后续写教学依照"促成有效性标准"的内涵进行时，学习有了脚手架，既符合认知规律又提高有效性，对共性问题进行精准的针对性教学，能够切实地推进教学，将教学落在实处。多样选择鼓励学生放飞思维，使续写做到既想象丰富，又切合实际，情节合理。

应用产出导向法指导高中英语读后续写教学时也存在一些需要教师注意的地方，首先是对该题型要足够重视，避免教学模式化，更多地强调"合理"而不是"正确"。设计任务时，多关注环节渐进性，为学生提供技能锻炼机会，提升学生语言能力。选材时进行必要分类，确保知识和技能正向迁移。教师要不断积极思考，才能使产出导向法为高中英语读后续写教学带来更多益处。

参考文献

［1］文秋芳.构建"产出导向法"理论体系［J］.外语教学与研究，2015，
47（4）：547-558，640.

［2］文秋芳."产出导向法"教学材料使用与评价理论框架［J］.中国外语
教育，2017，10（2）：17-23，95-96.

［3］文秋芳."产出导向法"与对外汉语教学［J］.世界汉语教学，2018，
32（3）：387-400.

［4］王初明.如何提高读后续写中的互动强度［J］.外语界，2018（5）：
40-45.

［5］孙曙光."师生合作评价"课堂反思性实践研究［J］.现代外语，
2017，40（3）：397-406，439.

［6］俞贵飞.高考英语作文新题型"读后续写"的教学策略刍议［J］.课程
教育研究，2017（5）：127.

［7］李斌.高考英语新题型"读后续写"中的问题与对策［J］.中小学教师
培训，2021（2）：30–32.

［8］中华人民共和国教育部.普通高中英语课程标准（2017年版2020年修
订）［M］.北京：人民教育出版社，2020.

4I

第四章

Illumination 阶段：
评价优化涵素养

第一节　感悟提升与拓展学习

推广高中英语整书阅读教学评方法的
价值向度与实践路径

　　语言与思维是既有区别又有联系的统一体。语言是思维的工具，思维是语言表达的内容。中国传统英语教学背景下，针对词汇和语法知识的授课模式是绝大多数英语教师的首选模式。但"碎片化"的授课方式可能导致学生缺乏进行整体阅读和深度思考的机会。

　　整书阅读是一种与传统碎片化阅读有本质区别的阅读方法。它将着眼点聚焦语篇和宏观框架而不是碎片化的词汇短语，将阅读的内容从碎片化的片段信息变为一整本图书或是完整的具有语篇主旨含义的文章。整书阅读"具有高度的综合性、情境性、完整性"，"以更真实的世界、更完整的内容、更深刻的思想、更精彩的语言吸引学生投入阅读"（张金秀，2019）。同时，整书阅读相对弱化机械化的语言形式训练，更多地将关注点放在文本主旨以及作者的写作意图上，读者力图探索不为文本字面意思所困的意义并且通过体验式的阅读获取深层意义，从而激发深度思考与共情，切实提升语用能力。

　　然而在语言学科中，整本书阅读作为一种课外活动进行，并不纳入课程，课程对整本书阅读少有计划，更遑论课程建设。而有心引导学生进行整本书阅读的教师，往往碍于时间、空间或高考压力，无法顺利开展活动（徐志伟、陈湾妮，2018）。因此，整书阅读亟须一个行之有效、能切实提升能力并能进行阶段性评估的教学体系。

本文希望依托教学评一体化的指导思想，以提升读后续写能力为目标，建立整书阅读教学评一体化模式。英语学科教学评一体化的本质在于突破传统教学与评价二元隔离、孤立的局面，通过整合教学与评价，使评价不再凌驾于教学之上或游离于教学之外，而是镶嵌于教学之中，成为教学的有机组成部分，使教、学、评在持续的良性互动中最大限度地达成目标，促进学生学科核心素养的逐步形成与发展（王蔷、李亮，2019）。而教学材料和教学手段对英语教学的"产出"有关键作用。以最终目的为导向的教学材料选择和教学手段应用可以高效促成产出（文秋芳，2015）。

在"读后续写"这个产出的指导下，本文研究通过教学材料的"整"和教学手段的"辅"来实现读后续写能力的提升。以渐进式的"教"，引导精准性的"学"，同步多样性的"评"，形成整书阅读的教学评一体化模式，从而有效推动教学和学生语用能力的提升。

通过与学生能力相匹配的整书阅读，可以实现教学和学生能力提升的渐进性；而以"续写"能力为目的的阅读过程则能实现教学的精准性；合理的书籍选择及多样的评价模式使学生可以高效地将阅读落到实处，实现多样性。如此，英语阅读将被还原成为其原有的有机整体，从而提升学生的表达能力，在续写故事时能够仿其形，合其思，创其意。

一、研究设计

本研究在开展初期对泉州第五中学的高中英语读后续写教学现状进行问卷调查和访谈，通过观察高中英语教师培养学生读后续写的方式方法，以及了解学生的阅读基础和习惯，了解读后续写的实施情况、实施效果以及存在的问题，探索寻找以读促写的有效途径。

二、研究发现

1. 整书阅读的必要性认知

通过调查和访谈了解到，泉州五中教师在进行读后续写教学时主要依靠技巧讲解以及范文评析和互评。67.5%的受访教师认为课后增加阅读量，阅读原文小说是提高学生知识储备的有效手段，也是从根本上解决问题的提升方法。开展英语文学阅读活动可以帮助学生拓展词汇，提升写作表达，激发英语学习兴趣，培养文化意识，提升文学理解与赏析，获取积极的人生启示与价值观。

2. 学生阅读量受限原因分析

然而，在现实教学中，70%以上的教师认为学生阅读量的提升受到诸多条件的影响，"课时紧张""缺乏理论指导""缺乏资源支持"都构成了一定的阻碍。虽然在平时的考试中通过阅读以及完形填空也可以增加学生的阅读量，但主题过于零散，风格也不太统一。因此，教师希望学生可以在课后进行有效的深度阅读，切实提升语言能力。

3. 学生课后练习现状分析

调查显示，学生读后续写的练习方式基本以校内练习与定期考试为主，也会自己寻找资料进行专题训练，自己练习，再参考范文进行修订。82.6%的学生认为，在缺乏有效反馈的情况下，很难感受到练习带来的进步。学生认为影响他们读后续写的主要问题有：表达不够准确，词汇量不足，缺乏想法，语法不够准确，写作时间有限。课后会进行各类英文原文阅读（网络文章、新闻等）的学生人数只占12.4%，而有原文小说阅读经验的仅有8.7%。

三、对策建议

1. 整体方案：一目标两方向三层次

本书提出了一种"一目标两方向三层次"的整书阅读促续写模式，通过渐进式的策略引导，为学生的阅读搭设脚手架，以读促写。协调课内课外合力，提升阅读有效性，累积真实性，写作有针对性。

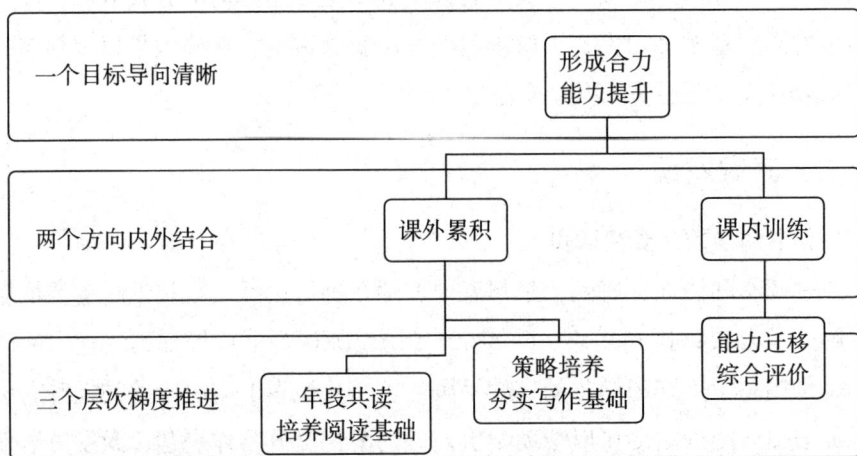

结合本校实际，本研究提出以三个层面推进整书阅读。高一年段共读，以学生小组为单位，以故事复述、阅读笔记为形式，为原文阅读奠定基础，消除畏难情绪。高二选修课策略引导，深层思索，领会文学写作底层逻辑，回归语用能力，累积语料，训练续写基础。课内读写训练专注技能迁移与评价能力培养，使学生能够在读后续写训练时做到多元评价、稳步提升，切实提升写作能力。

2. 第一阶段：年段共读，消除恐惧

作为整书阅读的先导阶段，选择适合学生阅读能力的黑布林小说，让学生对英语原文阅读形成基本了解，克服对原文阅读的畏惧心理。《黑布林英语阅读》根据难易程度主要分为初中读物和高中读物两大类，有助于实施分层教学，并通过科学有趣的读前、读中和读后任务让学生能够获得比传统阅读更深层次的认知。读前通过小说背景、作者简介、主要人物介绍、关系梳理及文章中较重要的信息点的匹配练习，学生体悟故事背景和文风。读中使用思维导图进行情节梳理并进行批判性思考。读后则以故事复述、阅读笔记等形式进行知识反馈，并进行情感的升华。三个阶段的任务环环相扣，由易到难，符合英语学习者循序渐进的认知规律，为第二阶段的原文小说阅读做好充分的准备。"教"与"学"之后，"评"紧跟随，学生分组协作完成的思维导图、阅读笔记、读后感想以沙龙分享的形式进行展示，由老师和同学投票评定奖项。

3. 第二阶段：整书阅读，任务驱动

与分层阅读小说不同，原文小说未经过修改，直接体现英文思维模式。本研究设计并制作Reading Binder，形成"以教学为驱动、以策略助学习、以评价促提升"的阅读策略指导，符合读后续写的要求，以Reading Binder形成任务驱动，促成阶段成果，培养学生评价能力。以选修课的形式，系统地使用Reading Binder，培养学生阅读写作能力。

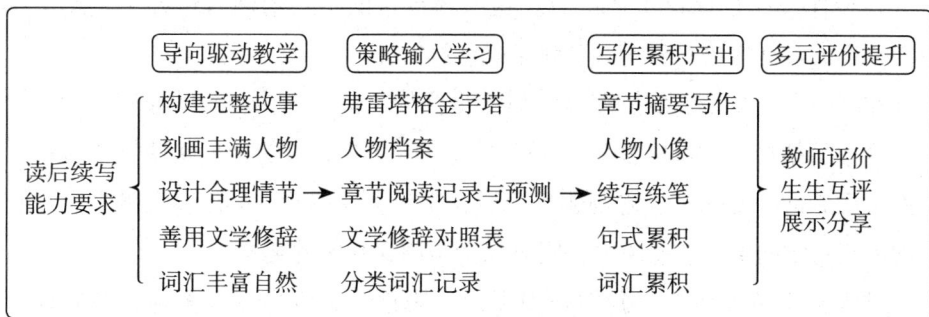

	导向驱动教学	策略输入学习	写作累积产出	多元评价提升
读后续写能力要求	构建完整故事	弗雷塔格金字塔	章节摘要写作	
	刻画丰满人物	人物档案	人物小像	教师评价
	设计合理情节 →	章节阅读记录与预测 →	续写练笔	生生互评
	善用文学修辞	文学修辞对照表	句式累积	展示分享
	词汇丰富自然	分类词汇记录	词汇累积	

以上述五项"导向驱动教学"内容为核心指导内容，设计Reading Binder阅读指导，在读前、读中、读后三个阶段，围绕书籍内容进行以读后续写能力提升为目的的有效的写作训练和累积。在不断阅读中加深理解，提高文学素养。

Reading Binder的每个部分，都有其为写作和累积服务的目标。其中，人物小像、弗雷塔格金字塔、人物档案针对文本解读能力的提升而设计，锻炼学生在阅读中抓取有效信息，形成逻辑链的能力；小说简介预测、章节阅读记录和预测则适用于推进合理想象和情节构思，着重培养学生阅读和续写能力，学生通过自行总结关键词、模仿，在写作上把握主动，提高语法结构和词汇使用能力；而分类词汇记录和文学修辞对照表针对提高表达能力和语言运用能力而设计，学生要掌握丰富的表达方式和词汇离不开累积，而包含语境的累积是最有效的，通过情节、情感而累积下来的词汇会更加长久地记在学生心中，有助于学生准确地理解和正确地使用；文学修辞一向是语言教学的一个难点，教师通过在活页中提供文学修辞的说明，让学生在阅读过程中对照参考，自由探索，提升文学修养。

策略引导下的整书阅读，可以让学生更准确地把握情节发展和人物情感，学会细节描写，提升文学素养。只有了解了"整"，才能去"补"，达到续写能力的提高，实现教学目标、教学材料与教学手段的高效有机结合。

4. 第三阶段：技能迁移，课内提升

在英语教学中，将技能转化为实际应用是提升教学效果的关键环节。为了在课堂上实现这一目标，我们提出了"引导—探究—评价"的教学框架。通过整合Reading Binder阅读策略，我们旨在提高学生的语言积累和能力提升，进而优化读后续写的教学效果并增强学生的写作水平。

这一教学模式包含三个核心部分：反思与领悟（引导）、探讨与抉择（学习）、创作与同行评审（评价）。这些环节帮助学生明确写作方向，迅速构思，并凭借丰富的语言材料，顺利完成续写任务。

在"引导"阶段，我们坚持"以产出为始，以产出为终"的原则。为了构思出合理的结局，教师需要引导学生进行深入思考，并为他们指明推测合理结局的大致方向。经历"反思与领悟"后，学生会在体验中形成自己的见解，在有限的续写空间里发挥想象力，同时保持与原文现实的契合。

进入"学习"环节，我们利用图片、表格、思维导图等多种教学辅助工

具，帮助学生更准确地把握和理解文本，从而更好地掌握故事走向，产出更优质的续写内容。

在写作教学中，评价环节至关重要。通过评价，教师可以了解学生任务的完成情况和学习目标的达成度，同时针对疑难和普遍问题进行有针对性的讲解。而学生之间的互评则有助于拓宽彼此的思维，学生通过同龄人的比较，实现自我反省和学习。

在"评价"阶段，教师首先指导学生完成自我评价。随后，同桌之间进行互评，通过对比各自的结果，探讨不同的观点和修改建议。接着，学生自荐并展示自己和合作伙伴的评价结果及修改意见。最后，教师选取一份匿名作品，邀请全班同学共同修改，并针对常见的语法和语用错误进行针对性纠正。在具体的教学实践中，虽然各个环节可能会有所调整和变化，但"教学评"相结合的核心教学理念始终保持不变。

四、结语

在教学评一体化理念的指导下，整书阅读与读后续写形成了有效的学习循环，这不仅促进了学生的思维发展，还激发了他们的表达欲望。在这一过程中，学生不仅深刻理解了英语语言思维，还能对人物行为进行合理分析和推测。同时，他们的语言能力、思维品质和学习能力也得到了显著提升。整书阅读在英语教学中难以推广的一个主要原因是缺乏有效的策略引导，这导致学生在阅读过程中遇到诸多困难，进而产生畏难情绪。而缺乏阅读输入，读后续写就会成为无本之木，无法真正实现语用能力的提升。然而，当整书阅读和读后续写教学有了系统且有效的教学模式后，学习就变得有章可循，既符合认知规律又提高了教学效率。通过对共性问题的精准教学，我们能够切实推动教学进步，将教学落到实处。多样化的选择鼓励学生自由发挥思维，使续写内容既富有想象力，又切合实际，情节合理。读写结合的教学方式为学生积累了丰富的知识储备，让他们告别"用时方恨少"的尴尬，达到"信手拈来"的流畅境界。

本研究的一个遗憾是，虽然选修课的教学效果显著，但其覆盖的学生范围有限。尽管学生之间的带动作用可以形成一定的辐射效应，但广大英语教师仍面临时间紧迫的难题。我们希望本研究的经验能为一线教师提供有益的教学策略和操作方法，从而推动英语教学质量的广泛提升。

参考文献

［1］中华人民共和国教育部.义务教育英语课程标准（2022年版）［M］.
　　　北京：北京师范大学出版社，2022.

［2］张金秀.中小学英语整本书阅读的五点主张［J］.英语学习，2019
　　　（7）：55-57.

［3］徐志伟，陈湾妮.自觉地探索，困境中突破——2016年至2018年高中
　　　整本书阅读研究综述［J］.语文教学通讯，2018（34）：37-42.

［4］王蔷，李亮.推动核心素养背景下英语课堂教—学—评一体化：意
　　　义、理论与方法［J］.课程·教材·教法，2019，39（5）：114-120.

［5］文秋芳.构建"产出导向法"理论体系［J］.外语教学与研究，2015，
　　　47（4）：547-558，640.

高考英语阅读关键能力突破

一、高考要求

（1）2023年高考英语全国卷的突出特征是"强化关键能力考查 引导学生全面发展"，尤其强调突出对阅读理解和书面表达等关键能力的考查。以阅读理解能力考查为例，高考英语注重考查推断、归纳和概括等高阶阅读理解能力。

50分值的阅读理解不直接考查语言知识，但强调语言知识的综合运用。要求考生在正确理解语篇主旨大意的基础上，关注具体语境中不同词语、句子与整个篇章结构之间的联系。新高考不再是单纯考知识，而是考用已学知识解决未知问题的能力，核心素养是决胜的关键。

（2）近三年全国I卷阅读理解说明文居多，C、D篇都为介绍研究新发现的说明文。

（3）注重语篇结构的考查。主旨大意、推理判断的高级思维题增多，细节题减少。

语篇考查一般不会直接进行考查，而是渗透在很多细节中，语篇结构的掌握，并不能让解题的准确率达到100%，但会让解题更加高效和有章可循。

二、2023高考阅读理解启示

学生普遍反映高考阅读难、看不懂文章讲的什么、文章不好理解。

（一）问题

（1）词汇难度大，文章学术化专业术语和构词法的生词（合成词、派生词）多。

（2）话题熟悉度低，概念陌生。

（3）复杂句比例高。

C、D篇难的原因：

① information gap 词汇使学生产生恐惧心理。

② 因为对学术和概念型文章话题不熟，无相关背景知识，认知不足。

③ 词汇不明、核心概念模糊，语篇意识弱导致不能清晰把握语篇结构，阅读难度增大。

C篇简介了《数字极简主义》一书的组成部分及主要内容，D篇则是对群体智慧效应的介绍，两篇文章的主题都偏学术性，因而句子相对较长、结构偏复杂且学术类专业术语也偏多，合成词或考纲派生词大量出现，如：leaf, leaf through, minimum, minimalism, minimalist, capital, capitalize on, case, encase, technical terms, dominant, underlying, dependent, implication; minimalism, intolerable, overestimate, underestimate, correlated, follow-up, participant, increasingly等，大大增加了文本理解难度。

（二）趋势

（1）著作类倾斜（有作品序言，节选）。

（2）概念+学术（经济学，社会心理学，哲学等社科类文本）。

（3）著作类倾斜（有作品序言，节选）引导学生养成喜爱读书，善于求知的学习习惯。

新课标Ⅰ卷阅读部分C篇简介了《数字极简主义》一书的组成部分及主要内容；

新课标Ⅱ卷阅读部分C篇介绍一本书，通过有关书本和文章的艺术作品图片展现书与读书人的历史；

全国甲卷阅读部分C篇讲述作者畅游于哲学类书籍阅读的海洋，重点介绍Eric Weiner的*The Socrates Express*一书，说明哲学对现实生活的指导意义。

这些语篇引导学生养成喜爱读书、善于求知的学习习惯，重视书籍阅读和知识积累，积淀文化底蕴，丰富见闻学识，提升文化素养。

近几年高考题材青睐社科类概念。概念包括各种效应、法则等。

效应：如群体智慧效应wisdom of crowds effect、从众效应Bandwagon Effect、墨菲定律Murphy's Law、木桶效应Cannikin Law、首因效应Primacy Effect、蝴蝶效应Butterfly Effect等。

法则：just-me-ism自我主义、minimalism极简主义等。

三、突破策略

（一）语篇意识：主题引领的语篇意识

1. 捋清语篇结构：提取语篇主题、主线、主旨

语篇意识是高考英语阅读理解的基石。它要求考生能够从宏观和微观两个层面把握文章的结构和主旨。在宏观层面，考生需要识别文章的体裁和篇章模式，如议论文、说明文、叙述文等，以及它们各自的结构特点。在微观层面，考生应关注文章的衔接与连贯，理解句子或短语之间在语义上的联系。

2. 宏观结构：体裁分析和篇章模式分析

体裁分析要求考生识别文章的类型，如研究报告、社会现象说明文等，并理解每种体裁的特点和常见结构。篇章模式分析则要求考生理解文章的组织方式，如引言、主体、结论等。

3. 微观结构：衔接与连贯

衔接是指语篇中通过语法和词汇手段实现的句子或短语之间的联系。这包括指代和省略等语法手段，以及词汇场和语义场的运用。连贯则是语篇内部在语义上的深层联系，它存在于语篇的深层结构之中。

示例：研究报告类说明文的语篇结构通常包括研究背景、方法、结果和结论等部分。社会现象类说明文则通常包括现象描述、背景介绍、原因分析、后果讨论和解决方案等。

（二）词汇意识：词汇场、构词法、词义推理

1. 词汇场（lexical field）

词汇场是指在意义上相互关联的词汇系统。在阅读理解中，考生需要识别同一主题下词汇之间的语义关系，如同义、反义、上下位、部分整体等，以增强对文章主题和结构的理解。

2. 构词法

掌握构词法能够帮助考生扩展词汇量，夯实词汇基础。构词法包括派生、合成、转化等手段。

3. 词义推理

词义推理能力是指考生在遇到生词时，能够利用上下文线索进行猜测。这包括定义或解释、举例、同义或同位语等。

示例：逻辑衔接词如"as""or""when""then""particularly""as a result"等，能够帮助考生理解句子之间的逻辑关系。

（三）语法知识：拆分解码长难句

长难句是高考英语阅读理解中的难点之一。考生需要掌握长难句的分析技巧，如拆分句子结构、识别主干和修饰成分等。

示例：通过分析长难句中的定语从句、状语从句等结构，考生可以更好地理解句子的意义。

（四）增加阅读广度，开拓思维深度

1. 阅读材料的选择

教师应选择涵盖心理学、经济学、哲学和社会科学等题材的文章，使学生扩大课外阅读面，储备背景知识。

2. 阅读材料的利用

通过阅读这些材料，学生不仅能够填补信息鸿沟，还能熟悉英语的语言特点、句子结构和语篇结构。

示例：教师可以从高考试卷中选取概念型文章，或者浏览外网获取最新的学术文章，以此作为教学材料。

通过以上策略的实施，考生能够在高考英语阅读理解中取得突破。语篇意识的培养、词汇意识的提升、语法知识的掌握以及阅读广度的拓展，共同构成了提高阅读理解能力的关键。教师和学生都应重视这些策略的学习和实践，以

在高考英语阅读理解中取得优异成绩。

四、语篇分析

在高考英语阅读理解中，语篇分析是关键能力之一，它要求考生能够从宏观和微观两个层面把握文章的结构和逻辑关系。

（一）宏观语篇结构分析

宏观语篇结构分析要求考生识别文章的整体框架，包括主题句、关键词以及各段落的主旨大意。

1. 2019　D篇　心理学　概念 Popularity

主题引领：文章通过作者的亲身经历引入话题，然后对popularity进行概念分类，接着分别介绍与分类相关的研究发现，并最终得出研究结论。

亲身经历：描述作者对popularity的初步印象。

概念分类：将popularity分为"the likeable"和"status seeker"。

研究发现：逐一介绍关于"status seeker"和"the likeable"的三个研究发现。

研究结论：总结"the likeable"·在社交中的优势。

考点：考生需要识别文章中的关键句子和词汇，理解文章结构，并能够从整体上把握文章的主旨。

2. 2021　D篇　心理学　概念型 Popularization of IQ

主题引领：文章讨论了公众对情感智力的误解及其带来的社会效应，以及科学进步如何帮助澄清这一概念。

概念阐释：定义情感智力并指出公众对其的普遍误解。

社会效应：讨论这种误解带来的意外正面社会效应。

科学进步：期望科学能够进一步阐明情感智力的作用。

考点：考生需要理解文章的主旨，并通过思维导图等工具把握文章的关键词和框架结构。

3. 2023　D篇　心理学　论文 Wisdom of Crowds Effect

主题引领：文章从经典概念、底层逻辑、新研究发现、随访实验四个角度介绍群体智慧效应。

经典概念：介绍群体智慧效应的基本理念。

底层逻辑：探讨这一效应背后的逻辑基础。

新研究发现：介绍最新的研究成果。

随访实验：通过实验进一步验证群体智慧效应。

考点：考生需要通过分析文章结构，理解作者的论证过程，并能够对作者的情感态度进行推理。

（二）微观语篇结构分析

微观语篇结构分析要求考生关注文章中的具体逻辑关系，包括话题标记词、逻辑衔接词、长难句和词汇衔接等。

1. 逻辑衔接

考生需要识别文章中的比较/对比、因果关系、递进关系等逻辑衔接词，并能够通过这些词理解句子之间的关系。

2. 长难句

考生需要能够拆分和解码长难句，理解复杂句子结构，并能够准确翻译。

3. 词汇衔接

考生需要关注文章中的同词复现、同义词、反义词等词汇衔接手段，并能够通过这些手段理解文章的连贯性。

五、高考命题与解题策略

语篇考点：考生需要围绕文章的主旨和结构，识别考点并进行推理。

高阶思维：考生需要运用分析、综合、评价等高阶思维能力，解决阅读理解中的难题。

在高考英语阅读理解备考中，学生需要从宏观和微观两个层面进行语篇分析。通过精准识别主题句、文章框架结构、逻辑关系和词汇衔接，学生可以更有效地理解和分析文章内容，从而在高考中取得高分。

教师在教学中应注重培养学生的语篇分析能力，通过提供丰富的阅读材料、设计有针对性的练习题和开展有效的课堂讨论，帮助学生构建词汇场，有效分析语篇衔接，把握语篇主旨，厘清文章结构，并巧妙地进行判断和推理。

总之，语篇分析是高考英语阅读理解考查的核心能力之一。通过系统的训练和策略指导，学生可以形成高阶思维能力，有效提升阅读理解成绩。

第二节　课题研究：指向读后续写能力训练的整本书阅读模式研究

一、研究内容与方法

语言和思维构成了一个既有区别又有联系的统一体。语言不仅是思维表达的工具，更是思维活动的载体；而思维则为语言表达提供了丰富的内容和深度。在中国传统英语教学中，教师往往侧重于词汇和语法知识的传授，这种"碎片化"的教学模式虽然在短期内有效，但长期来看可能会限制学生进行整体阅读和深度思考的机会。

1. 整书阅读法的教学革新

与传统的碎片化阅读不同，整书阅读法将焦点放在语篇和宏观框架上，强调对整本书或具有完整语篇主旨的文章的深入理解。这种方法不仅减少了对机械化语言形式训练的依赖，而且更加关注文本的主旨和作者的写作意图。通过体验式的阅读，学生能够超越文字的表面意义，探索其更深层的意义，激发深度思考与共情，有效提升语用能力。

2. 产出导向法（POA）的理论支撑

本研究以文秋芳提出的"产出导向法"（Production-oriented approach, POA）为指导理论。POA经过多年的理论和实证研究，被证实是一种有效提高学习者语言能力的方法。该理论强调教学材料和教学手段对英语教学"产出"的关键作用，以最终目的为导向的教学可以高效促成产出。本研究中的整书阅读模式在"续写"产出的指导下，通过教学材料的"整"和教学手段的"辅"，致力于提升学生的读后续写能力。

3. 读后续写教学的实施策略

读后续写的教学必须明确服务于"续写"这一目标。根据POA提出的"促成有效性标准"，教学应具备渐进性、精准性和多样性三个基本内涵。通过与学生能力相匹配的整书阅读，教学可以实现渐进性；以"续写"能力为目的的阅读过程可以实现精准性；合理的书籍选择和多样的教学模式可以实现多样性。这样的英语阅读教学将还原为有机整体，提升学生的表达能力，使他们在续写故事时能够模仿形式、融合思想、创造新意。

4. 泉州第五中学的实证研究

为提高研究的针对性，本研究初期对泉州第五中学的高中英语读后续写教学现状进行了问卷调查和访谈。通过观察和了解教师的教学方法以及学生的阅读基础和习惯，研究了读后续写的实施情况、效果及存在的问题，探索了以读促写的有效途径。

调查和访谈结果显示，泉州五中的教师主要依靠技巧讲解、范文评析和互评进行读后续写教学。大多数教师认为增加课后阅读量是提高学生知识储备的有效手段。英语文学阅读活动有助于学生拓展词汇，提升写作表达能力，激发学习兴趣，培养文化意识，提升文学理解与赏析能力，获取积极的人生启示与价值观。

然而，现实教学中存在诸多挑战，如课时紧张、缺乏理论指导和资源支持等，这些都阻碍了学生阅读量的提升。虽然平时的考试可以通过阅读和完形填空增加学生的阅读量，但主题零散、风格不统一。因此，教师希望学生能在课后进行有效的深度阅读，切实提升语言能力。

调查显示，学生主要通过校内练习和定期考试进行读后续写训练，部分学生会自己寻找资料进行专题训练。多数学生表示，在缺乏有效反馈的情况下，很难感受到练习带来的进步。学生面临的主要问题包括表达不准确、词汇量不足、缺乏创意、语法不准确、写作时间有限。课后进行各类英文原文阅读的学生仅占少数，有英文小说阅读经验的更是少之又少。

写作产出的实现来源于大量的阅读输入，阅读的累积可以为学生打下坚实的语言储备，使写作成为有源之水。一本书是一个有机的整体，作者有充分的空间对人物、情节、细节进行刻画，其发展与转折都有据可循。且整本书都由一个作者完成，其文风稳定，风格一致，在科学的引导下，学生可以在阅读过程中，对语篇的结构、逻辑、发展形成深入的理解，提高文学素养。大量且持续的稳定输入对学生语言能力的内化和词汇的累积有着不可替代的作用。可以有效地促进学生对语法结构和词汇的准确把握，累积有效知识。虽然一本书可能只能讲述一个故事，但是它能在其间穿插数十个场景，涉及生活的方方面面，对学生综合能力的提高有着极为高效的促进作用。

为达到以读促写的目的，满足不同层次学生的阅读需求，结合教学实际，提升课堂效率，本研究以POA理论为指导，课内主线引导，课外策略辅助，开发阅读写作课程，以选修课构建课外引导性整书阅读策略培养，课内依托理论与迁移技能进行写作实践，强化写作技能，切实提高学生读后续写能力。

本研究希望落实阅读的实效，基于本校的学情和教学基础，将整书阅读分为四部分推进，分别是年段共读、选修课引导阅读、微课技能辅助、自主阅读。同时，课内推进产出导向法下的读后续写课堂，将阅读技能和累积，转化成切实语用能力。

POA倡导学用一体，主张一切语言教学活动都与运用紧密相连，以语篇为手段将输入性学习（听、读）与产出性运用（说、写）紧密结合，力图改变外语教学中"学用分离"的不良倾向。输出驱动、输入促成、选择性学习和以评为学四个教学假设，创设了以教师为主导和以师生共建为前提的"驱动—促成—评价"教学流程。

二、研究结论与对策

传统的碎片化教学模式已不能满足当前英语教学的需求。整书阅读法作为一种创新的教学方法，能够更好地促进学生的深度思考和语用能力的提升。POA为读后续写教学提供了理论支撑和实施策略。通过实证研究，我们发现尽管存在·些挑战，但通过合理的教学设计和资源配置，可以有效提升学生的读后续写能力。未来的英语教学应更加注重学生能力的全面发展，通过多样化的教学手段和丰富的教学资源，激发学生的学习兴趣，培养他们的文化意识和创新思维。

为适应本校实际情况，本研究提出分三个阶段推进整书阅读的策略，旨在提升学生的英语阅读和写作能力。

第一阶段：年段共读

在整书阅读的引入阶段，我们选择与学生英语阅读能力相匹配的黑布林英语阅读系列，旨在帮助学生建立对英语原文阅读的基本理解，消除对阅读外文原著的畏惧心理。黑布林英语阅读系列根据难易程度分为初中和高中两大类别，支持分层教学的实施。通过精心设计的读前、读中和读后任务，学生能够在认知上获得比传统阅读更深层次的理解。

读前任务：通过介绍小说背景、作者简介、主要人物、关系梳理，以及重要信息点的匹配练习，深入理解故事背景和文风。

读中任务：利用思维导图进行情节梳理，激发批判性思考。

读后任务：通过故事复述、阅读笔记等形式，促进知识反馈和情感升华。

这三个阶段的任务设计由浅入深，符合英语学习者的认知发展规律，为下一阶段的原文小说阅读打下坚实基础。

第二阶段：策略引导的整书阅读

与年段共读阶段不同，策略引导的整书阅读侧重于使用未经修改的原文小说，这些作品直接地体现了英文思维模式。为此，本研究设计并制作了Reading Binder，构建了一套以"产出导向驱动、策略输入促成、写作累积产出、多元评价提升"为核心的阅读策略指导体系。

Reading Binder作为任务驱动的核心，旨在通过系统化的选修课程，培养学生的阅读和写作能力。Reading Binder包含八个部分，覆盖读前、读中、读后各个阶段，专注于提升学生的读后续写能力。该指导体系以五项核心指导内容为基础，包括人物关系图、弗雷塔格金字塔、人物档案、5W1H要素图及小说简介预测等，旨在提升学生的文本解读能力和逻辑链形成能力。

此外，章节阅读记录和预测部分鼓励学生进行合理想象和情节构思，分类词汇记录和文学修辞对照表则专注于提升学生的表达能力和语言运用。通过这些策略，学生能更准确地把握情节发展和人物情感，学会细节描写，提升文学素养。

第三阶段：技能迁移，课内提升

技能的实用性转化是英语教学中实现有效性的关键。在这一阶段，我们采用POA的"驱动—促成—评价"教学流程，结合Reading Binder的阅读策略和语言累积，旨在提升读后续写教学的效率和学生的写作水平。

思考与理解（驱动）：教师引导学生进行自我思考，为学生提供推测合理结局的大方向。

讨论与选择（促成）：利用图片、表格、思维导图等工具加深学生对文本的理解，帮助他们掌握故事发展方向。

写作与互评（评价）：评价环节在写作教学中至关重要。通过教师评价和学生互评，学生可以了解自己的任务完成情况，学习目标是否达成，并针对疑难点和普遍问题进行改进。

在具体教学环境中，各个环节可能需要调整，但"以产出为导向"的核心思想保持不变。通过这种教学模式，学生能够在课内教学中实现技能的有效迁移和提升。

本研究旨在通过这三个阶段的策略实施，帮助学生克服对英语原文阅读的畏惧心理，提升他们的阅读和写作能力，最终实现语言技能的实用性转化。这种分阶段、策略引导的整书阅读方法，不仅有助于提高学生的文学素养，还能促进他们在语言学习中的主动探索和创造性表达。

三、研究成果与影响

经过两年深入的研究与实践，本研究团队成功开发了一种创新的英语教学模式——"一目标两方向三层次"的整书阅读促续写模式。这一模式以提升学生的英语写作能力为目标，通过策略引导，为学生的阅读和写作搭建了有效的脚手架，实现了以读促写的教学理念。

一目标：提升写作能力

本研究的核心目标是提升学生的英语写作能力。通过整书阅读，学生不仅能够积累丰富的语言和文化知识，还能够深化对文学作品的理解和鉴赏，从而在写作中展现出更高层次的思维和表达能力。

两方向：课内与课外的协调

研究实践中，我们注重课内教学与课外阅读的协调。在课内，教师通过精心设计的教学活动，引导学生进行深入的文本分析和写作训练。在课外，学生通过小组合作，以故事复述和阅读笔记的形式，进一步巩固和拓展课内所学，实现了课内外学习的有机结合。

三层次：渐进式的策略引导

本研究采用了三个层次的渐进式策略引导。在高一年段，我们以共读活动为基础，通过小组合作，消除学生的畏难情绪，为原文阅读奠定坚实的基础。在高二阶段，我们通过选修课的形式，引导学生进行更深层次的思考，领会文学写作的底层逻辑，提升语言的实际应用能力，积累语言素材，训练续写技巧。在课内读写训练中，我们专注于技能的迁移和评价能力的培养，使学生在读后续写训练中能够进行多元评价，稳步提升写作水平。

四、实践成效：阅读与写作的有机结合

在整书阅读模式的运行中，研究成员进行了一系列的阅读写作教学实践。通过发表论文、展示课例、形成系列微课等方式，我们不仅在理论上丰富了英语教学的内涵，也在实践中验证了教学模式的有效性。这种以读后续写为"导向"，整书阅读为"输入"，读后续写教学为"产出"的教学模式，实现了阅读与写作的有机结合，促进了学生英语写作能力的有效提升。

五、影响：教学模式的推广与应用

本研究的影响不仅限于参与研究的学生和教师，更在于其教学模式的推广与应用。通过在不同学校和地区的实践，我们发现这一模式具有广泛的适用性和有效性。它不仅能够帮助学生克服对英语阅读和写作的畏惧心理，还能够激发学生的阅读兴趣，提升学生的写作动力，从而在更广泛的范围内提高学生的英语语言能力。

六、结论

本研究通过"一目标两方向三层次"的整书阅读促续写模式，为高中英语教学提供了一种创新教学策略。这一策略以提升学生的英语写作能力为核心，通过课内课外的协调和渐进式的策略引导，实现了阅读与写作的有效结合。实践证明，这一模式不仅能够提升学生的阅读和写作能力，还能够激发学生的学习兴趣，促进学生的全面发展。随着这一教学模式的进一步推广和应用，我们期待它能够在更广泛的范围内产生积极的影响，为英语教学改革和发展作出更大的贡献。

七、改进与完善

在POA的指导下，整书阅读与读后续写教学能够形成一个有效的闭环，不仅能促进学生的思维发展，还能激发他们的表达意愿。这种以产出为指导的教学模式，能够将学生的英语水平推向一个新的高度。在这一过程中，学生不仅能深刻理解英语语言思维，还能对人物行为进行深入分析和合理化推测，从而在语言能力、思维品质和学习能力上得到有效发展和提升。

1. 挑战与策略引导的缺失

尽管整书阅读在英语教学中具有重要价值，但其推广仍面临诸多挑战。首要问题之一便是缺乏有效的策略引导。学生在阅读过程中经常遇到困难，容易形成畏难心理。没有有效的阅读输入，读后续写便失去了基础，难以实现语用能力的真实提升。

为了解决这一问题，教学应当遵循"促成有效性标准"的内涵，为学习提供必要的脚手架。这种教学策略既符合学生的认知规律，又能提高学习的有效性。通过精准针对性的共性问题教学，教学能够落到实处，有效推进学生的学习进程。同时，多样化的选择鼓励学生放飞思维，使续写作品既能丰富想象，又切合实际，情节合理。

2. 读写结合，打造丰富的知识储备

读写结合是本研究的核心理念之一。通过整书阅读，学生能够积累丰富的语言知识，了解不同的文化背景，为写作提供坚实的基础。这样的知识储备使学生在写作时能够告别"用时方恨少"的滞涩感，达到"有备而来"的流畅表达。

3. 研究的局限性与未来展望

本研究在实践中取得了一定成效，但也存在局限性。尽管选修课的教学模式行之有效，但其覆盖的学生范围相对有限。虽然学生的带动作用能够以点带面，但时间的稀缺仍是广大英语教师面临的共同难题。

未来，我们希望本研究的经验能够为一线教师提供实用的教学策略和操作方式，实现教学模式的更广泛推广，从而切实提升英语教学的效率。此外，我们也期待通过进一步的研究和实践，探索更多创新的教学方法，以适应不同学校和学生的需要。

　　整书阅读与读后续写教学是提升学生英语能力的有效途径。在POA的指导下，通过策略引导和读写结合，学生能够在语言学习中实现质的飞跃。尽管存在挑战和局限性，但通过不断的改进和完善，我们有信心使这一教学模式惠及更多的学生，为英语教学的发展做出更大的贡献。

第三节　Illumination阶段学生成长案例

Unit 1 Lesson 3 A Volunteer Teacher

Ⅰ. Teaching Objectives

（1）To improve listening abilities.

（2）To give opinions about voluntary work.

（3）To practice doing interview.

（4）To encourage students to talk about future plans.

Ⅱ. Teaching Steps

Step 1: Lead in Show the video and have a free talk

What is this video about? In this video, what impress you most?

Would you like to work there? Will your parents support you?

Vocabulary links:

volunteer, graduate from, decide/make a decision, support, meet challenges.

Step 2: Listening

A. Introducing the topic.

Task 1. Listen to the beginning of the conversation and answer the questions.

（1）What is the probable relationship between the two speakers?

（2）What are they talking about?

B. Listening for main idea.

Task 2. Listen to the whole conversation and get the general information about Wang Shu's future plan.

plan for the future	
What to do	Work as a _____
Where to work	A small _____ in Inner Mongolia
Whom to help	Teach _____
When to leave	At _____ o'clock tomorrow morning

C. Listening for details.

Task 3. Listen to the interview again and answer some questions.

Section one:

（1）How does Wang Shu feel about her work in Inner Mongolia?

Wang Shu feels _____.

Section two:

（2）Why did she make the decision?

She feels it's her _____ to do something for students.

She enjoys _____ new challenges.

（3）What does life like in Inner Mongolia?

It is very _____ and quite _____ from that in Beijing.

She only has a small room with a bed and a basin to _____ up with .

Section three:

（4）What do her parents think of her decision?

At first, her parents _____ her decision. After a long talk, they _____ her.

Step 3: Group game Chain-talking (work in a group of four)

Task 4. Choose any group of the following words and make sentence about Wang

Shu.

Rule: one student – one phrase – one sentence.

A: teach, have a talk, win the support, be proud of.

B: volunteer, plan to do, a small town, feel excited.

C: duty, graduate from, meet challenge, make a decision.

Step 4: Speaking Role-play (A – interviewer; B – interviewee)

Task 5. Do the interview in pairs to talk about your plan for the future.

· Information for practice.

Interviewer: use the questions below to interview your partner.

Questions you may ask	
future plan	Could you please tell me your future plan? What are you going to do as a... ?
reason	Why do you make this decision? Are you prepared for that?
challenges	What is the biggest challenge for you?
parents'attitude	What do your parents think of your plan? Do they support you?
...	...

Interviewee: make notes about your opinion (Reasons /Challenges).

· Before you start: Useful expressions from the interview.

Everyday English	Expressing opinion	Expressing plan
Well You know Maybe Really	I believe/think... I feel/know... To tell the truth In fact Personally, I think... In my opinion... ...	I'm going to... I really like/enjoy... I can not wait to... I'm really excited about... I would like to... ...

Step 5: Homework

Write a short passage about your plan for the future.

4I

第五章

拓展："4I"
课堂提效率

第一节　课题研究：核心素养下高中英语读后续写渗透德育的实践探究

一、课题的核心概念及其界定

从国际大背景来看，新时代要求重点培养人才的关键素质和综合能力，而核心素养正是在这种时代背景下孕育而生的，并在国际上形成了以核心素养为核心的新一轮教育和课程的改革浪潮。2014年，为了进一步深化基础教育课程改革，教育部启动了普通高中课程标准的修订工作。此次课程标准将提炼学科核心素养、研制学业质量标准、深化和促进考试改革列为重点工作目标。

作为一门重要的高中学科，英语在促进学生全面发展、贯彻党的教育方针、落实立德树人根本任务等方面具有非常重要的作用。同时，作为一门以外国语言为主要学习内容的学科，英语学科又具有很多特殊性。随着新课改的不断深入，高中英语教学也在不断改进，逐步从"知识核心时代"转向"核心素养时代"，不仅关注学生综合语言运用能力，更关注学科核心素养。课程标准认为英语课程的教学应当坚持发展学生的核心素养，全面贯彻党的教育方针，落实立德树人根本任务，发展素质教育。英语学科核心素养包含思维品质、语言能力、学习能力与文化品格四个维度。英语学科教学改革的新动向是注重学科与人的整体价值以及学生思维良好发展，教师以这个理念为指导，不断提升学生整体能力，培养学生的跨文化、跨地域的国际视野，为学生未来发展奠定坚实的基础。随着"读后续写"题型进入新高考，相应的教学研究和教学实践也逐步展开。读后续写活动实现了阅读、写作二者的深度融合，不仅可以显著提升学生的英语运用与学习能力，还可以通过英语语料形成文化意识与思维方式，符合核心素养的培养要求。

读后续写题型是指提供一段350词以内的语言材料，要求学生依据该材料内容所给段落开头语和所示关键词进行续写（150词左右），将其发展成一篇与给定材料有逻辑衔接、情节架构自然而且结构完整的短文（教育部考试中心，2015年）。从2016年10月浙江使用的真题分析可见，该题型要求学生能够梳理故事文体的结构，分析故事发展的情节以及续写故事的发展和结局。要真正培养学生以上能力，教师在平时的英语教学中要重视语篇的整体教学，加强学生书面表达的基本功，关注跨文化意识和系统思维的培养。在课堂中重视培养学生的思维，让学生的思维具有灵活性、深刻性、广泛性、独立性、敏捷性等特点。学生思维品质的提升对学生写好读后续写有着重要作用。

"读后续写"的实质是实现"两个协同"，即语言输入和语言输出的双向协同、学习者—文本互动与学习者—学习者互动的协同（俞贵飞，2017）。为了实现这一目标，学生需要在加大阅读输入量的同时，学会主动与文本互动。王初明（2014）曾提出语言学习的有效途径："内容要创造，语言要模仿，创造与模仿要紧密结合。"这意味着英语教学者需向学生提供可模仿的文本和可创造的机会。学生能在阅读中抓住语篇的大意，获取其中的主要信息、观点和文化背景；能区分语篇中的主要事实与观点，能预测语篇的主要内容；能识别语篇的文体特征，能识别语篇为传递意义而使用的词汇和表达，能识别语篇传递的情感、态度和价值观。通过续写结尾的方式，学生用所学词汇和语法结构表达主要意思，运用语篇的衔接手段建构书面语篇、表达意义、体现意义的逻辑关联性。教师在教学中引导学生逐步形成正确的价值观念、必备品格和关键能力，融入社会主义核心价值观和中华优秀传统文化等先进文化教育内容，从而培养学生的社会责任感、创新精神、实践能力等。

二、国内外同一研究领域现状与研究的价值

核心素养的问题实际上是培养什么样的人的问题。基于核心素养的教育，不仅包括传统的知识和能力的学习，更强调学生的全面发展和终身学习，特别关注人与社会的统一和协调发展。国内不少学者认为核心素养应具有"可教性"，因此，核心素养"如何教"的问题也受到了学界的关注。成尚荣指出："只有将上位的核心素养与学科核心素养结合在一起，并真正贯穿在整个教学

过程的时候，核心素养才能落到实处，才能走进学生的素养结构，成为学生的素养。"

国内有关读写结合的研究始于语文教学领域，一般是从写作的角度论述读写的关系。国外有关第二语言的读写研究也始于对母语教学的研究，大都也是从写作的角度透视读与写的关系。以《课程·教材·教法》2015年第9期专门设置的"核心素养研究"这一主题为例，该组文章都是关于数学学科的，还有一篇关于物理学科的。很多国家和地区的核心素养模型中都包含用语言和符号进行交流的能力。在全球化不断推进的背景下，未来社会所需要的人才可能会面临更多的国际化和跨文化交流，需要跨文化交际能力、全球意识、信息技术素养和文化自信等与外语有密切联系的素养。但目前国内对英语学科素养下英语读后续写的探讨尚显不足。读后续写在阅读的基础上提出了写的要求，目前的研究主要针对读后续写的要求，侧重于学生阅读能力、语法掌握、词汇累积、思维训练以及题型变化等，解决的问题较为细化，读写结合的整体性研究对于关注跨文化意识和系统思维的培养较少。

三、研究的目标、内容与重点

（一）研究目标

（1）借助信息网络科技和智慧教室增加学习内容的信息量，优化教学内容，采用协同交流、自主探究、研究学习、任务驱动等策略，为学生在阅读输入和写作输出环节中创设真实和动态的教学内容，引导高效读写结合教学，培养学生的"语言能力""文化意识""思维品质"和"学习能力"四大学科素养。

（2）利用智慧课堂进行的读写结合的实践形式，推行信息化读写结合教学，提升学生的语言运用能力。

（3）通过理论研究和实践操作，促进教师专业成长，提升教师理论素养，强化教师将理论应用于实践的能力。

（4）构建可操作性的信息化读写结合教学模式，推出一些优秀课例和高水平论文。

（二）研究内容与重点

（1）深入调查学生英语读写素养的现状和提升的需求，以指导后续研究。

（2）用信息技术去创新教学方式，构建高效的信息化读写结合教学模式。

（3）通过调查、统计、分析和评价模式，跟踪学生读写能力以及核心素养的培养与提升，为研究课题提供可借鉴的经验。

四、研究的思路、过程与方法

1. 前期准备阶段（2022.11—2023. 2）

采用文献调查法和观察法：① 调研高中英语学科素养下读后续写课堂模式的现状；②开展针对高中英语读后续写提升的教学需求调查和访谈；③ 收集并整理调查和访谈的信息资料。

2. 实施阶段（2023.2—2024.6）

采用行动研究法和案例研究法：①进行理论学习，观摩高中英语学科素养下读后续写教学课堂；②开展高中英语学科素养下读后续写课堂教学公开课，并总结和反思，初步构建英语学科素养下读后续写教学模式；③根据初步构建的教学模式开展英语学科素养下读后续写教学，反思目标是否达成，改进英语学科素养下读后续写教学模式；④进行高中英语学科素养下读后续写课堂专题研讨，进一步完善高中英语学科素养下读后续写教学模式。

3. 课题总结与推广（2024.7—2024.8）

采用统计、分析与讨论方法：①刻录英语学科素养下读后续写课堂优秀课例光盘，汇编优秀教学设计；②撰写结题报告；③撰写论文；④推广课题研究成果。

五、主要观点与创新之处

"考试说明"指出了读后续写的四项评分标准，即与所给短文及段落开头语的衔接程度；内容的丰富性和对所标出关键词语的应用情况；语法结构和词汇运用的丰富性和准确性；上下文的连贯性。以这四项标准为导向，读后续写主要考查学生的文本解读能力、合理想象能力、情节构思能力、创新表达能力和语言运用能力。基于这几项能力，本课题设计出指向读后续写能力训练的整书阅读模式，结合蓝思分级阅读体系，让学生在阅读的过程中学会梳理故事主线，以情节进行推测，感悟人物情感变化，观察文学修辞手法运用，完成词汇累积。在完整科学地读完一本书之后，学生所获得的能力还可以通过正向迁移，潜移默化地对之后语言的学习产生积极的影响，最终达到提升语用和写作能力的目的，而这也是读后续写这一题型设计的初衷。

六、预期研究成果

本课题期望通过研究英语读写结合与智慧课堂相融合的实用性和适用性，为高中英语教学和学生的学习提供新的方向，方便学生进行移动学习，从而提高学生学习效率和高中英语课堂效果。

预期实践成果：

（1）《高中英语学科素养下读后续写教学的设计及思考》，呈现方式：论文。

（2）《如何在智慧课堂环境下开展高中英语学科素养下读后续写教学》，呈现方式：论文。

（3）《浅析高中英语学科素养下读后续写教学》，呈现方式：论文。

（4）《高中英语文学阅读与读后续写》，呈现方式：教学课例。

（5）《英语学科素养下读后续写教学（北师大教材）》，呈现方式：教学课例。

（6）《英语学科素养下读后续写教学（人教版教材）》，呈现方式：教学课例。

七、完成研究任务的可行性分析

（一）课题组核心成员的学术或学科背景、研究经历、研究能力、研究成果

课题组主持人系泉州五中英语教研组组长，英语高级教师，福建省三八红旗手，泉州市首届教学名师，泉州师范学院继续教育学院兼职副教授，福建省普通高中英语学科教学委员会成员。近年来多次参加省质检命题工作，主持三个省级课题研究，参加多项省市级课题研究，撰写了多篇CN论文。所撰写的论文曾获全国二等奖及市级三等奖。多次承担省、市级示范课，多次做开设省、市级专题讲座，介绍推广先进教育教学方法，具备很好的引领课题研究的实践才能。

课题组主要成员吴柳燕老师参加省级优质课比赛获得优质课奖，并多次开设级、市级公开课，取得了很好的效果。

　　课题组参与成员年龄梯队合理，既有课题研究经验丰富的学科教坛新秀、教研组组长、备课组组长，也有部署重点高校研究生毕业的中青年教师，团队理论研究素养好，实践创新能力强。

（二）前期准备工作，包括文献搜集工作、调研工作等

　　（1）已搜集并阅读大量文献，论证了课题的重要性、有效性和可行性。

　　（2）对目前高中英语信息化课例进行调查、分析和探讨，对存在的问题提出思考，并寻求构建更高效的信息化英语读写课堂。

第二节　课题研究：智慧课堂环境下
高中英语高效读写课堂模式的探究

一、核心概念及其界定

《普通高中英语课程标准》着重强调了要加强信息技术与课程教学的融合工作，以促进学生的有效课堂学习和英语学科核心素养的培养。中学英语学科素养中，英语语言能力主要包括听、说、读、写等几个方面的内容，在英语学习中，读是对英语知识的录入与应用，写是对专业知识的理解和输出，读和写都是英语表达的一种。读写结合即将纳入高考英语改革新题型，这一考查形式有助于准确检测学生的阅读和写作水平，也给高中英语教学提出了新的挑战。读写结合课堂实践是有效提高学生读写结合能力的方法。因此，高中英语教师应致力于研究如何借助现代化信息技术，提高阅读和写作结合的课堂实效性，达到通过课堂教学提高学生的阅读和写作水平的目的，实现英语课堂教学语言录入与输出的统一进行。

在国家政策推动下，智慧教室的普及化正在迎来高峰。智慧教室与英语读写结合教学的融合，可以在传统课堂教学的基础上加深学生对英语专业知识的理解与运用程度。传统课堂主要依靠教师的个人教学经验对课堂上学生的学习行为进行判断和制定教学决策，而智慧教室通过对学生学习行为大数据进行分析来调整教学策略，用直观的数据了解学生对知识掌握的水平，在课堂教学中实现了基于证据的教育新形态。例如，通过情境感知、数据挖掘等方法可以提前预知学生潜在的学习需求，在智慧教室中学生通过资源订阅和智能推送的方式第一时间获取最新的学习资源，实现了教与学的立体沟通与交流。通过课前预习测评分析和课中随堂测验即时分析，教师可以准确把握每个学生掌握知识的状况，实现对学生的个性化学习能力的评估，对每一位学生的认知度更清晰，有针对性地制定教学方案和辅导策略，推送个性化的学习资料，制作针对个人的"微课"，真正实现以学生为中心的"一对一"的个性化教学服务。依据知识构建的需要，智慧教室中采取小组协商讨论、合作探究的学习方式，协作群组服务能够帮助有相同学习需求和兴趣的学生自动形成学习共同体，就某个问题开展深入的互动交流，这有利于学生实现对所学知识的意义建构。

正是现代信息技术和智慧教室的这些教学优势，使教学手段趋于全方位、多层次，创造出一个更适合学生学习的、开放的、探索式的学习环境。因此，如果能使智慧教室和英语的读写结合交汇相融，就可以充分发挥学生在学习过程中的学习积极性，既能够有效锻炼学生的读写实际应用能力，又可以最大化课堂教学容量，提升课堂教学效果。

二、研究价值

近年来，以计算机互联网为代表的信息技术发展十分迅猛，万物互联、云计算、大数据、人工智能、机器学习和深度学习等新技术层出不穷，国内高中英语教学中融合信息技术的新教学模式逐渐得到运用。大数据背景之下的课堂教学方式历经了翻转课堂、慕课等一系列具有现代化意义的变革。随着研究的不断深入，人们发现学习者的认知水平更多地停留在"记忆""理解"等初级方面，而对于"分析""创造""评价"等高级认知方面则显得力不从心。基于以上现状，结合当下时代对教育的新要求，"智慧课堂"应运而生。智慧课堂衍生于智慧教育，早在20世纪末，我国著名的学者钱学森就提出过"大成智慧学"，其核心理念为"集大成，得智慧"。除此之外，IBM公司在2008年提出了"智慧地球"战略，这一概念的提出使新一代信息技术备受人们的关注，当这一思想冲击到教育领域时，"智慧教育"便应运而生了。

智慧教育的真谛就是通过构建技术融合的学习环境，让教师能够施展高效的教学方法，让学习者能够获得适宜的个性化学习服务和美好的发展体验，使其由不能变为可能，由小能变为大能，从而培养具有良好的价值取向、较强的行动能力、较好的思维品质、较深的创造潜能的人才。智慧课堂则是以智慧教育理念为指导，旨在变革传统教学方式方法的基础上，与现代信息技术深度融合，合理构建智能化、个性化、数字化的新型高效课堂。

　　高中英语读写课通过智慧课堂这一基于信息化技术的新型教学形式，在教学过程中可以充分地利用多媒体触控一体机辅助教学，向学生展示图片、微课、文本、视频、声音、动画等内容，更易于吸引学生的注意力，有效刺激学生多种感官，让学生充分地感知所学。还可以使用文字云图辅助阅读教学，帮助学生在较短的时间内把握文章大意，培养学生在英语阅读中通过关键词理解文章的能力，从而有效促进阅读教学的效果和学生阅读能力的提升。在此基础上进行读写练习时，可以通过在屏幕上显示思维导图，引导学生开展读写教学训练活动。在检测练习中可以用手机与一体机连接，使学生的情况能第一时间得到展示和检查，最终实现知识迁移，从而把所学的内容纳入自身知识结构。而且，运用多媒体触控一体机特有的有趣的鼓励方式来激励学生，有利于激发学生的积极性，变被动地"记听"为主动地"看思"，增强了学生的学习兴趣和学习信心。此外，教师通过对数据的了解和把握，能够更加有针对性地设计教学活动，促进学生核心素养的全方位发展。因此，在智慧课堂环境下进行高效读写课堂模式的探究是非常必要而且有意义的。

三、研究目标

　　本课题旨在探索智慧课堂与读写结合实践的深度融合，以实现高中英语读写课堂的有效性。研究目标具体包括以下几个方面。

　　1. 学科素养提升

　　利用信息网络科技和智慧教室环境，增加学习内容的信息量，优化教学内容。通过协同交流、自主探究、研究学习、任务驱动等策略，在阅读输入和写作输出环节中为学生创设真实和动态的教学内容。本课题致力于引导高效的读写结合教学，培养学生的"语言能力""文化意识""思维品质"和"学习能力"四大学科素养。

　　2. 教师专业成长

　　探索智慧课堂在读写结合教学中的应用形式，推行信息化读写结合教学，旨在提升学生的语言运用能力。同时，通过理论研究和实践操作，促进教师专业成长，提升教师的理论素养，强化教师将理论应用于实践的能力。

　　3. 教学模式构建

　　构建可操作性的信息化读写结合教学模式，推出优秀课例和高水平论文，为教育界提供实践参考和理论支持。

四、研究内容与重点

1. 现状调查与需求分析

深入调查学生英语读写素养的现状，分析学生需求，以指导后续研究，确保教学策略的针对性和有效性。

2. 教学方式创新

利用智慧课堂创新教学方式，构建高效的信息化读写结合教学模式。探索智慧教室环境中的教学活动设计，如互动讨论、协作学习等，以适应数字化时代的教学需求。

3. 教学效果跟踪

通过调查、统计、分析和评价，跟踪学生读写能力的培养与提升。这一过程不仅为研究课题提供可借鉴之经验，也为教学模式的持续改进提供反馈。

五、研究方法

定性研究与定量研究相结合：通过问卷调查、访谈、课堂观察等方法收集数据，采用统计分析、内容分析等定量研究方法，结合案例研究、现象学研究等定性研究方法，全面评估教学模式的有效性。

行动研究：教师作为研究者参与教学实践，通过规划、实施、观察和反思四个阶段，不断调整和优化教学策略。

六、实施步骤

（1）需求分析：开展前期调研，包括学生英语读写素养的基线调查，以及对现有教学模式的评估。

（2）教学模式设计：基于需求分析的结果，设计智慧课堂环境下的读写结合教学模式。

（3）教学实践：在实验班级实施新教学模式，收集教学实施过程中的反馈信息。

（4）效果评估：通过学生的读写作品、课堂表现、测试成绩等多维度指标，评估教学模式的效果。

（5）模式优化：根据评估结果，调整教学模式，形成更为完善的教学策略。

（6）成果分享：将研究成果整理成论文和课例，通过学术会议、研讨会等途径进行分享。

通过智慧课堂与读写结合的深度融合，本课题致力于提升学生的学科素养，促进教师的专业成长，实现高中英语读写课堂的有效性。通过创新的教学模式和严谨的研究方法，本课题期望为高中英语教学提供切实可行的改进策略，为教育信息化背景下的教学改革贡献力量。

七、研究的过程、思路、方法及进度安排

1. 前期准备阶段（2020.6—2020.9）

采用文献调查法和观察法：①调研高中英语信息化读写教学模式现状；②开展针对读写素养提升的教学需求调查和访谈；③收集并整理调查和访谈的信息资料。

2. 实施阶段（2020.10—2022.1）

采用行动研究法和案例研究法：①进行理论学习，观摩信息化读写教学课堂；②开展高中英语信息化读写结合教学公开课，并总结和反思，初步构建高中英语信息化读写结合教学模式；③根据初步构建的教学模式开展信息化读写结合阅读教学，反思目标是否达成，改进信息化读写结合教学模式；④进行高中英语信息化读写结合教学专题研讨，进一步完善信息化读写结合教学模式。

3. 课题总结与推广（2022.2—2022.6）

采用统计、分析与讨论方法：①刻录高中英语信息化读写结合优秀课例光盘，汇编优秀教学设计；②撰写结题报告；③撰写论文；④推广课题研究成果。

八、组织与分工

课题组成员将在课题负责人的带领下，分工明确，各司其职，高效有序地展开课题研究工作。

1. 研究资料的获得（课题组成员在学校和专家引领下共同查阅搜集资料）

（1）校图书馆存书和知网中小学数字图书馆电子资料可为本课题提供文献研究资料。

（2）邀请省普教室姚瑞兰老师和工作室领衔名师吕文谦老师担任学术顾问，邀请市英语学科教研员蔡晓莎老师担任课题顾问，帮助课题组及时了解学界科研动态。

（3）学校重视课题研究工作，有专门的课题实施领导小组，支持课题成员参加课题研究。

2. 技术条件的支持（课题组成员利用智慧课堂开设公开课）

学校设有智慧教室，有一套完整的智能装备辅助教学内容的呈现，便于学习资源的获取，促进课堂交互的开展，这为本次课题研究提供了强大的技术保障和支持。

3. 研究经费的筹措

学校为本课题研究提供配套经费，课题组成员在课题组负责人的带领下，合理高效地统筹并分配研究经费。

4. 研究时间的保障等

课题负责人从事一线教学，可以在实践中及时了解课题研究的走向，摸索可行的教学模式。课题组成员对课题研究充满热情，不仅在一线课堂上从事智慧课堂的实践教学，而且利用业余时间展开研讨、研究教材、撰写论文等与课题相关工作。

九、预期成果

预期实践成果：

（1）《智慧课堂模式下英语读写课程的设计及思考》，呈现方式：论文。

（2）《如何在智慧课堂环境下开展读后续写教学》，呈现方式：论文。

（3）《浅析高中英语课堂的"智慧"教学》，呈现方式：论文。

（4）《"智慧"微课中的个性化英语教学》，呈现方式：论文。

（5）《高中英语文学阅读与读后续写》，呈现方式：教学课例。

（6）《智慧课堂中的读写结合（北师大教材）》，呈现方式：教学课例。

（7）《智慧课堂中的读写结合（人教版教材）》，呈现方式：教学课例。

（8）《科普类说明文的概要写作指导》，呈现方式：论文、教学课例。

第三节　教学课例

Teaching Plan for Unit 11 Lesson 3 War Memories

一、主题语境

人与社会——重大政治、历史事件。

二、文本分析

本课阅读材料选自北师大版（2019）高中英语选择性必修4第11单元第3课。本课3篇文章虽然从不同视角、不同场景，用不同记述方式讲述了战争的回忆片段，但都是回忆录文体，按照事件发展的时间顺序展开记叙，同时在记叙中都围绕重点人物（who）、重点事件经过（what happened）展开描写，突出体现不同人物对战争的感受，从而使读者感受到战争的摧残和伤害。文章抓住战争中主要的3种人物关系，从不同角度揭示了战争给平民和士兵带来的身体与心灵的创伤，展现个人在战争中受到的伤害和摧残，以及个人在战争面前的无助，从而引发读者对战争的思考。

三、学情分析

本节课的授课对象为福建省泉州第五中学国际部高一学生。

在思维方面，学生思维活跃，能在教师引导下独立思考，合作探究，总结规律。

在语言能力方面，学生总体英语基础较好，能灵活运用所学词汇、句型表达自己的观点；但大多数学生平时学习的文体多为议论文、说明文，对叙事文的接触较少，对于如何创造性地整合并深度学习同一主题下的不同语篇的机会较少。

在认知方面，学生在英语课上没有接触过战争题材的文章，平时对战争话题接触不多，因此对战争的思考和认识也停留在表层。

四、设计思路

本节课教学设计思路围绕指向学科素养发展的英语学习活动观，即通过学习理解—应用实践—迁移创新来呈现学生对战争记忆主题意义的探究过程。

本课3个小故事虽主题一致，但文本内容较为独立，难以形成阅读整体性。故将故事顺序调整为Story B—Story A—Story C，故事发展顺序为：停战间的（表面）温情—战争打响给民众带来的伤害—战争打响，除了威胁到民众之外，也对士兵造成伤害。调整之后，情感顺序有所递增，战争对各方的伤害逐步呈现，有利于学生形成阅读整体感。

五、教学目标

（1）获取和梳理故事 A 的主要经过和村民的心理变化过程，分析故事主人公的感受。

（2）获取和梳理故事 B 的主要事件发展信息，分析参战士兵的心理活动。

（3）通过自主学习、合作探究，获取和梳理故事 C 的主要经过，并对文本内容进行推断，分析护士和士兵对战争的态度。

（4）思考和讨论战争给个人带来的身体上和精神上的创伤；思考保留战争记忆的意义；培养珍惜和平、爱国的思想。

六、教学步骤

Step1: Lead-in

Ss look at some pictures and talk about: What are the pictures about?

【设计意图】利用图片创设情境，引出主题，形成阅读期待。

Step2: Check the preview work（Read for gist & genre）

Ss are required to read the 3 stories in 4 minutes and finished the exercise before class.

（1）Choose a title for each story.

Story A	Brave Patient
Story B	Death of a Village
Story C	No More Fighting

（2）What types of writing are the 3 stories?

A. Narrations   B. Descriptions   C. Argumentations   D. Expositions

【设计意图】检查学生对故事大意及故事文体的掌握。

Step3: Read for details

1. Story B

（1）Ss read the Story B and answer the questions:

① Whose memory is it?

② When and where did it happen?

③ What happened?

（2）Ss read Story B again, and answer the questions:

① What is the soldiers' attitude towards the war? How do you know that?

② What might happen later?

【设计意图】

1. 考查学生对浅表信息的获取能力，引导学生梳理故事B的主要事件发展信息；

2. 引导学生根据关键信息推测士兵对于战争的态度，促进学生对关键信息的理解、把握和内化。

3. 培养学生高阶思维能力，利用文段信息合理推测故事走向，引导学生通过文段感知士兵在战争中的无奈。

2. Story A

（1）Ss answer the questions about the basic information.

① When did story happen?

② Where did it happen?

③ Who were involved?

④ What happened?

（2）Ss read Story A again, and answer the questions:

① How did the villagers' feelings change as the events unfolded?

② What might be Do Chuc's attitude towards the war?

③ Are there any clues to show the soldiers' feelings in the story?

Make a comparison between the soldiers in Story A and B.

【设计意图】

1. 考查学生浅表信息的获取能力。

2. 引导学生获取故事的主要事件，习得写作技巧（按时间描述事件）。

3. 引导学生利用文段信息推测主人公对战争的情感态度。

4. 对比学习故事A、B文章中共有的人物，引导学生感受战士处于战争之中的无能为力。

3. Story C

（1）Ss achieve understanding of the story by working in reading circles.

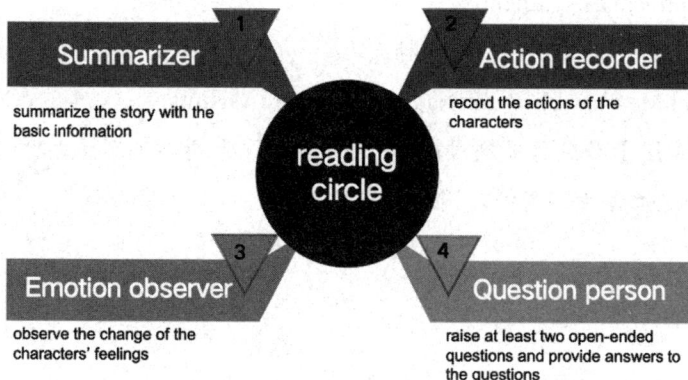

（2）Invite some groups to present their work after group discussion.

T poses a question: What are the attitudes of the nurse and the soldier towards the war?

【设计意图】通过阅读圈的方式营造自主探究、合作学习的环境，让学生在把握文本浅层信息的基础上，挖掘重要语言的深层含义，深入理解人物（护士、士兵）情感态度。

Step 4: Read and think

Ask Ss to answer the question：What do the 3 stories intend to tell us?

【设计意图】引导学生阅读总结，提炼文章共同点，感知战争对民众的伤害。

Step 5: Read and express

（1）Ss talk about:

① What is your opinion on wars?

② Should we keep war memories forever?

（2）T draws to the conclusion: There can be no quiet years, but someone is carrying forward the burden for us.

【设计意图】引导学生思考和讨论战争给个人带来的身体上和精神上的创伤，将所学知识加以创新；引导学生热爱祖国、珍惜和平。

Step 6: Homework

（1）Required assignment.

Write a report of one of the war stories.

（2）Optional assignment.

Read more about the war memories.

National Memorial Day for Nanjing Massacre Victims

【设计意图】必做作业通过report写作巩固课上所学内容；对于学有余力的同学可增加选做作业，了解我国的战争记忆。

附 录

有效的英语教学从改变开始

*Did You Know*是一部励志短片。它通过罗列真实的数据，科学准确地告诉美国年轻人：在如今这个全球化的经济信息时代，你需要不断地学习才能跟得上社会发展的脚步，不然只会被淘汰。同时告诉所有教师：Change can't be changed.（改变是不可改变的。）教师应该通过改变教学方式来回应新时代的变化。教师必须教给学生三个技能：①学会处理海量信息；②学会全球交流；③学会如何自我导向并懂得如何不断组织自己的学习。We as educators must change the way we teach our students。

要改变，我们首先应认识到国内高中英语教学中存在的误区。

随着新课程改革的深入进行，我国高中英语教学虽然取得了一些成绩，但仍然存在不少问题，主要表现为：教学理念存在误区，依然普遍存在过于强调知识与技能、忽视情感态度价值观的状况。例如，教学目标不明确，自主学习和合作学习流于形式，学生对英语学习存在心理障碍，课堂教学中满堂灌的现象仍然存在。教师讲太多、太杂，厌教书，升学压力重；学生学不会，不会学，怕学习，厌考试，学习负担重。针对这些问题，我们教师在英语教学中要转变教育理念，明确教学目标；善于创造语言环境，培养学生的学习兴趣，消除学生的心理障碍，注重学生的语言应用能力及情感态度价值观的培养。

作为奋斗在教学第一线的英语教师，我认为，教育教学质量提升，不能仅靠教育改革来实现，也不能把希望全寄托在专家学者身上。有效教学应该从我们教师改变自我开始。只有改变自我，才能使学生成才。Every small change will make a big difference。

一、全面理解新课改，转变自身的教学理念

21世纪的前二十年已经过去，地球村、国际化，全球经济总量第二，这些不争的事实无不昭示着一个趋势：中国已经和全世界融为一体，中国人的英语学习，也从工具时代进入到能力时代。越来越多的学生去国外留学，越来越多的跨国企业在中国开展业务。在这样一个时代背景下，英语不仅仅是敲门砖、工具，更是成功者必须具备的一种能力，只有具备真才实学，才能真正在学习工作中发挥作用。教育一定要做到与时俱进！教育改革正是在这样的时代背景中展开的。我们不断地探索并积累了培养英语人才的全新理念：不让英语学习局限于背单词、记语法，因为记住了不等于会用了；不让英语学习只停留在应试层面，因为高分低能注定会被这个时代淘汰；不让英语水平仅仅满足于简单的社会交往，因为世界的融合意味着彼此之间的深度交流与分享。

教学改革，教师先行，学生的学习效果在于我们教师的引导，我们首先要改变自己，才能影响学生。我们教师要更新教学观念，要全面理解课程标准的要求，重视调动学生的学习动机，发挥学生的主体作用。改变过去以教师传授为主、学生被动接受的授课模式，采用师生互动的课堂模式，鼓励学生创造性地学习。让减负增效、减量增质成为我们每一个教师必做的功课。

高中英语课程，强调在进一步发展学生综合语言运用能力的基础上，着重提高学生用英语获取信息、处理信息、分析问题和解决问题的能力，特别注重提高学生用英语进行思维和表达的能力；培养学生跨文化交际的意识和基本的跨文化交际能力；使学生进一步拓宽国际视野，增强爱国主义精神和民族使命感，形成健全的情感、态度和价值观，为未来发展和终身学习奠定良好的基础。新旧课程最根本的区别在于理念。新课程先进的理念反映了当今时代经济全球化、文化多元化、社会信息化的特点，体现了世界教育发展的趋势。

二、提高自身素养，成功自我

新课程改革重视教师专业发展，要求教师提升教学素养，具备相当的学科教学能力，高尚的教师职业道德，拥有良好的人格，进而实施由"教书匠"向"专家型教师"的转变。

（一）提高英语学科教学能力

学科教学能力分为学科知识（含技能）和教学知识（含技能）。这两类知识不是两个独立的概念，而是两个相互补充拓展的概念。仅具有两者之一的教师并不是优秀的教师。优秀教师能够在教育与教学目标的指导下，有机融合这两类知识，产生1+1>2的效果。提升自身修养，应从教材、教法到英语专业水平等方方面面进行，通过自学、同伴互助、专家引领等多种方式尽快提高自身素质。

（二）坚持学习，与时俱进

教师必须树立终身学习的观念，具备广泛的兴趣和强烈的求知欲，才能不断完善自我，不断提高自身的道德修养和专业水平。21世纪是一个信息爆炸的时代,英语教师应通过广泛涉猎各种知识，包括科学知识、人文知识，国外的政治、经济、风土人情，不断充实自己、丰富自己，与时俱进，满足学生的需要，让学生"心服、口服"。促进教师教学素养提升的有效方式之一是大量阅读，一个教师没有阅读，就不会有深厚的人文底蕴。在读书的范围上，除了阅读教科书，还要阅读各种教育资料，特别是优秀的教育刊物，保持高水平的专业知识，与当前的教育趋势一致。办得好的教育刊物上的文章，比较及时地反映了教育界同行们对于教育最前沿问题的思考，会推动我们的思考和探索。还要阅读一些滋养心灵、温润生命的书，特别是文学作品和思想随笔。这些作品会使我们的内心变得温暖、丰富、细腻、鲜活和磊落。

例如：文本资源来源如《时代》《纽约时报》《华盛顿邮报》《每日电讯报》和英国《卫报》网站上的新闻时事社会热点。听力资源来源有普特英语网、人人听力网、爱英语吧。教育刊物如《中小学外语教学和研究》《人民教育》《中国教育报》。

（三）加强教学反思，坚持写教学日记

教学反思是教师提高自身教学水平的必经之路。每一位教师都应不断地反思自己的日常教学行为，实事求是地找出自己的闪光点和不足之处，并做好分析。每上一节课后，都在教学日记中对本节课写上那么一两句，反思本节课学生的反应，反思本节课的设计，反思本节课的过程，反思本节课的得与失。这样，才能在今后工作中，做到扬长避短，逐步提高授课水平。如果我们对每一节课都做到认真反思、仔细分析，那么，教学水平的提高只是个时间问题，同

时，这些教学日记也是今后写教学论文、做课题最好的素材。

（四）加强合作，勇于创新

作为教师，需要学会和同事合作，和学生合作，和家长合作，特别是和同事合作。教师应学会和同教研组教师或同备课组教师合作，这里不仅有业务上的合作，更有思想上的交流。良好的人际关系，能使我们心情舒畅地工作，可以使我们在教育工作中少走弯路，使我们的业务水平不断提高。一个教研组是否先进，不是看它有多少名教师，而是看他们的团队是否具有协作精神。一个协作较好的教研组，其整体教学水平也高，组内也会充满活力，它对后加盟的教师会产生重要的影响，甚至对整个学校的教育教学活动都会产生重大影响。

教师要勇于创新，这意味着教师要不断地探索以便改进自己的工作，不断尝试新的教学方式和教学风格。只有具有创新意识和创新能力的教师，才有可能培养出具有创新意识和创新能力的学生。创新是一种心态，一种工作作风，一种人格特征。具有创新意识的教师，也一定具有开放的头脑、进取的精神和探究的兴趣。而这些品质本身就是极其重要的教育力量、教育资源，是好教师重要的人格特征和内在资质。

（五）提高自己的人格素养，做一个热爱生活的幸福老师

要散布阳光到别人心里，先得自己心里有阳光。——罗曼·罗兰

一位幸福的教师才能教出一群幸福的学生。

一位热爱生活的教师才能教出一批热爱生活的学生。

热爱生活的教师懂得阳光思考，能看到光明，能良性对比，能感恩拥有，能接纳残缺。

威尔金斯（Wilkins）说过："教师教学成功与否并不全是业务水平的问题，教师本人的某些重要个性特征也在很大程度上决定了学生能否最大限度地利用其学习机会。"

可见，良好的个性品质是使教育、教学工作得以顺利进行的重要条件。它包括教师的兴趣、态度、情感、意志、性格、求知欲等方面的内容。我们教师只有具备了积极阳光的心态和坚韧不拔的意志，才能将教育真正当作一种事业来奉献自己的全部身心；我们教师也只有具备了阳光的心态和令人愉悦的性格，才能在教育、教学中充分尊重学生个性，包容学生在发展过程中某些不恰

当的表现，以自己的人格魅力来吸引和感化学生，创设轻松愉快、幽默和谐的教学环境，从而使学生各方面的能力都得到发展。

三、追求简约高效的教学，改进教学方式

什么是简约？

简约是复杂的极致（Brief but not simple）。

英明的领袖总是简约大师，真正的大师总是简约高手。

莎士比亚：简约是智慧的灵魂。

亚里士多德：简洁是真理的标志。

The man who can make hard things easy is the educator.

初中课堂注重吸引学生的兴趣，高中课堂则与初中不同，它更注重心灵的启迪，智慧火花的碰撞，促进学生进行高层次的思维。因此，简约、高效是高中课堂教学最为重要的特点。

如何让简约、高效成就高中英语课堂的美丽呢？

（一）研读考试说明和高考真题，精确把握教学目标

高中英语教学重点在于培养学生用英语进行交流的能力，用英语获取信息、处理信息的能力，用英语进行思维的能力。而我们高中英语教师的目标不仅是培养学生这些能力，还要培养他们的应试能力，使他们不仅成为英语的学霸，还要成为考霸。

值得一提的是，通过几年课改的风风雨雨，专家们开始反省：新课程改革并不排斥对学生应试能力的培养。在我国国情下，应试能力不仅指应付升学考试的能力，也包括一个现代人生存所必需的素质。

所以，我们应该通过研读考试说明和高考真题，把握高考的走向，改进教学方法，实现教学目标。真题是任何考试的法宝，体现了整个考试的命题思路，是最具标准化的试题，因此，应给予充分的重视！对高考真题，不仅是学生，教师更要有效利用，认真做好每一套题，清楚每个题目的考查点和难点，对于考点相同的题目要做到举一反三，提炼命题规律，达到把所有高考真题的内容融会贯通，烂熟于心，了如指掌，在平时的教学中才能得心应手，信手拈来，才会有一种拥有真理、一览众山小的沉着与自信，才能让学生心服口服。

例如：人手一本高考卷和考纲，人手一份省市质检卷，备课组学习讨论。

（二）精巧整合课程，做教材的主人

很多教师对于课程有这样的一个问题：新教材内容多，课时不够怎么处理？

事实上，课时是无法改变的，能改变的就只有我们自己。

高考的压力使学校和教师均按照一个课本、一个进度、一个目标、一个要求开展教学。

但是，教师不应该是教材的奴隶，而应是教材的主人——积极的使用者和开发者。教师要以积极的心态来理解教材，从而有效地评价、选择和调适教材，并在教材使用和开发中发挥作用。教师要在观念上更新对教材作用的认识，转变"忠实"于教材的态度，要把教材看作服务于教学的材料和工具，要对教材进行分析，正确梳理教材信息量，了解学生的需求和认知水平，适当调整或取舍教材。也就是说，教师在使用教材过程中，要评估学生的需求、学生的学习风格以及他们的喜好、强势和弱点；决定什么内容和什么方法最适于达成教学目标；决定是否使用教材中的内容和建议的方法，是否调整、替换、删减教材内容，从而实现对教材的调整或取舍，以及对教学顺序、教学方法的调整。

此外，教师还应根据需要对教材进行适当的补充，并开发可利用的资源，扩大学生的知识面。教师对教材的补充基于两种情况：一种是由于主客观原因，教材内容离学生实际生活较远，或者英语文化知识面较窄，教师就应及时补充英语国家的相关文化习俗，给学生讲讲复活节的彩蛋、感恩节的火鸡、万圣节的南瓜灯和僵尸造型，这既可以激发他们的学习兴趣，又可以扩大他们的知识面，让他们了解主要英语国家的政治经济、历史地理、生活方式、风俗习惯、价值观等，发展他们跨文化交际的意识。

另一种情况是当前生活中某些社会热点、时事正好和教材内容相关，以英文的形式适当补充，可以在丰富学生知识的同时增强其英语学习的兴趣，实际上，这也是开发课程资源之前奏。在现代网络技术提供极为便利的课程资源的条件下，教师完全可以成为课程资源的开发者。

高考阅读已进入"长阅读"时代，文章多取材于欧美报纸杂志，教师必须引导学生多读用英语思维写成的报刊原文。教材里的课文是风平浪静的池塘，高中阅读中的文章是惊涛骇浪的大海，我们要精确把握教学目标，精巧整合课程，做教材的主人，如果死扣课本教材，只有死路一条。

（三）优化课堂教学，注重课堂管理能力

教师的课堂语言要深入浅出，课堂指令要清晰，概念呈现要简单易懂。

教师的教学节奏要适中，语调要抑扬顿挫。

抑：娓娓动听；扬：铿锵有力；顿：戛然而止（思考）；挫：（转折）建立知识的新联系。

教师上课要"三不做三不讲"。

三不做：不拖堂、不布置大量的作业、不在课堂上发脾气。

（经常生气发火的老师，是最没有威慑力的，因为学生已经知道了你的底线。看不到的地雷，才最具有震慑力。）

三不讲：学生会的，不讲；繁、难、偏、旧的，不讲；讲不清楚的，不讲。

（四）重视任务的落实和讲评的时效

练习可分为课堂限时练习和课外限时练习，两者均强调限时完成。

重视练习的落实，一般在新课前三分钟检查。

练后及时讲评，做到有练必讲，讲评时间可长可短，灵活处理，并给予学生充足时间进行反思总结，每人有错题集。

四、改变学生学习方式，培养自主学习能力

什么是教育？你把你学到的东西都忘记，剩下的东西就是教育。学到的知识，如果不经常用，很容易忘掉。那个忘不掉的东西是什么呢？我想就是一种主动学习的兴趣和能力。如果我们的学生获得这样的东西，就会终身受益。那么，我们该怎么做呢？

（一）培养学生学科情感，营造宽松、民主、和谐的教学氛围

爱是教师手中的魔方，产生的魔力是不可估量的，教师要以高尚的情操感召学生，以和谐的环境陶冶学生，以丰厚的知识哺育学生，以满腔的热忱关爱学生。学生得到教师的爱，自然而然地会激发出对教师的爱，形成爱的双向交流。心理学家称之为"动情效应"。正是在此种爱的双向交流的催化作用下，我们教师才能不断地更新自我，超越自我，充分体现我们的人生价值。

1. 学会爱每一个学生

Love to be loved. Hate to be hated.（爱生爱，恨生恨。）我们教师要爱每

一个学生，要尊重每一个学生的人格，不能把他们视为作业的机器，装知识的容器，更不能施以体罚或人格的侮辱，而要做他们的贴心人和知心朋友。我们要不断鼓励每一个学生的自信心，创造条件使他们不断获得学习英语的成功体验，要让学生体会学英语本身就是一件乐事，要让学生体会到英语的美丽，从而培养他们的英语学科情感，使他们产生浓厚的学习兴趣。自信心帮助人的一生，后进生就差在缺少自信心。尖子生如同得到万千宠爱的漂亮女人，同学羡慕，老师偏爱，家长喜欢，他/她对你的关注并不一定在意，而你对后进生的关爱，如同沙漠中的甘霖，说不定会让他/她铭记一辈子。

2. 学会等待学生

学会等待，意味着我们教师能够用发展的眼光看待学生，意味着我们教师能够用从容平和的心态对待自己所做的工作：不急于求成，不心浮气躁，不指望一次活动、一次谈话就能收到立竿见影的效果。因为一个好的品质的形成，一个不良品质的矫正，都不可能是一蹴而就的，而是一个长期的、曲折的过程。即使是一个单词、一个句型的掌握，也都很难一步到位，需要一个不断"温故知新"和"知新温故"的过程。

学会等待的老师，一定不会对学生说"你不行"。教师是最能体现"一分耕耘，一分收获"的职业，只要我们付出真诚的努力，就一定能取得成效，尽管更多的时候不是那么直接，那么迅速。当我们学会用等待的心情看待学生时，我们就能对学生少一点苛责、少一点失望、少一点冷漠，而多一些理解、多一些信心、多一些亲切。

很喜欢这句话："一千次的跳跃，只为那一次飞翔。"其实，从我们个人的生命历程来说，我们90%的努力都是徒劳的努力，而正是这貌似徒劳的努力，使我们拥有9%的接近成功的机会，而正是这9%的接近成功的机会，最终使得我们有了1%的取得成功的可能。

3. 学会和学生分享

分享是双向的沟通、彼此的给予、共同的拥有。教育的过程其实就是教师和学生共同分享人类千百年来创造的精神财富的过程，分享师生各自的生活经验和价值观的过程。和学生分享，意味着我们教师更多的是展示，而不是灌输；是引领，而不是强制；是平等的给予，而不是居高临下的施舍。首先，学会分享，意味着学会倾听，学会走进学生的内心世界，学会从学生的眼光看待世界。高高在上的教师，怎能听到学生真情的呼唤？其次，学会分享就是学会赏识，赏识学生其实就是真诚地去赞赏学生的闪光之处，教师对学生真诚的赞赏会使学生的生活有更多的阳光、温馨和美丽。

学生只有对自己、对英语老师、对英语学习以及英语文化有积极的情感，才能保持英语学习的动力并取得好成绩。消极的情感不仅会影响学生英语学习的效果，而且会影响学生的全面发展和长远发展。高中学生正处于向成年转化的特殊时期，处于人生观初步形成的重要时期。因此，在高中英语教学中，教师要特别关注学生的情感，对学生平等相待，尊重每个学生，尤其要关注性格内向或学习有困难的学生，积极鼓励他们在学习中努力尝试。

（二）培养学生良好的学习习惯

行为养成习惯，习惯形成性格，性格决定命运。

良好学习习惯培养的最佳时机，我认为是在高一起始阶段。高一起始阶段，学生良好学习习惯的培养需要耐心和恒心，要循序渐进，不可操之过急。良好的学习习惯对学生尽快适应高中的学习生活，顺利完成高中学业，以及今后工作都将大有裨益。

学生应养成如下良好习惯：

（1）使用工具书的习惯。工具书包括英英词典、有道词典等。

（2）预习的习惯。预习是一种有效提高学习效率的好方法。预习给学生提供了锻炼自学能力的舞台，对其英语学习帮助很大。不过，英语学习预习能力的培养，是个长期而复杂的过程，要使学生预习变为主动并产生效果，教师还要做好方法指导。

（3）模仿和朗读的习惯。英语不光是文字，它还是语言。语言是要讲要读的。模仿和朗读有助于改进语音语调，增强语感，并且对听力和口语表达能力的提升也有很大的促进作用。朗读得熟练了有助于做听力题时对词句的快速反应，也为流利地表达创造了条件。所以，每次英语早读都应要求学生能开口读，养成朗读的习惯。

（4）养成课外阅读与摘抄的习惯。

（5）善于思考的习惯。

（6）养成记笔记和整理错题的习惯。

① 将所有在教材中有所涉及的单词及其固定用法整理出来。

② 将错题、课堂提到的考点整理出来，老师说的考点务必在牛津查一遍。

③ 对平时阅读时遇到的考点内容加以整理。

④ 整理可以词组化的语法点，如介词、冠词、分词、动词，以及可以口诀化的语法内容。

（三）加强对学生学习策略的指导，帮助他们形成自主学习能力

世界上最有价值的知识是方法的知识。

教师教学要讲究教学方法，提高教学的效率。作为学习主体的学生，则要改进学习方法，提高学习的效率。教与学的方法都好，才能做到费时少、负担轻、收效好，真正提高英语教与学的效率。学生的自学能力强不强主要是看学习方法是否有效。一个班的学生起点相同，学习条件相仿，但过了一年半载之后，同学之间的学习成绩却拉开了距离。分析其原因，其中必有一条，就是学习习惯和方法有好、差之别。那么，同学们应从哪几方面改进自己学习英语的方法呢？

1. 加强词汇和语块的积累，提高词汇策略

2013年高考对英语词汇的要求提高了，从词汇表I、II中调整理解词汇100个作为掌握词汇，并新增高频词（常用词）20个，总词汇量（包括理解和掌握）累计为3410个，接近国家考纲要求学生掌握的3500个词汇量规定。

听力：听力材料中加入大量新的课程标准词汇，题干中也用到不少课程标准词汇，且用法灵活。

单选：考查8个单词或短语。

举例：2013年福建高考单选题

从2013年的整体考查情况来看，冠词和虚拟语气保持往年的频率考一题，非谓语动词和时态仍然是考查热点，各考两题。但值得注意的是，其中一题时态结合了"as well as"考查主谓一致。从句比例下降，只考了一题定语从句中whose的用法。虚拟语气与情景交际结合，并且融合了"so"指代上文出现的情况的用法。词义短语辨析仍是考查比例最大的部分。单选题第31题，设题就比较巧妙，问"对于十多岁非常贫穷的孩子来说，他们最可能买什么样的自行

车"，选项有价格合理的、买得起的、新的等，虽然各选项语法都没有问题，但是这里需要判断贫穷而又渴望自行车的孩子，如果要买自行车，只能买自己买得起的，因此答案选D，affordably（付得起的）。要答对这道题，除了需要了解单词意思保持句意通顺，还要注意题干中句子创设的语境，以免出现"断章取义"的错误。该题体现了应试与素质兼备的特点。第21小题题干引用了"ChineseDream"（中国梦）的解析，第32题涉及H7N9病毒检测，关注社会热点，丰富了题干中语言知识的时代性。综合分析，2013年福建高考英语考查均是中学阶段的重点英语语法项目和英语语言的核心知识，没有偏题、怪题、难题，但是考查形式相对灵活，呈现出注重实际运用、多知识点结合考查的趋势。这些试题突出在具体语言情景中考查考生对语言知识的运用能力。

完形填空：考查篇章中词汇的灵活运用能力，要求考生具有较大的词汇量，主要对实词进行考查。考点为动词12题、名词4题、形容词1题、介词2题、代词1题。重点考查动词词义辨析、动词及词组的记忆与理解。

阅读理解：题干精练，很多选项以单词或短语形式设题，提高了词汇量的要求。

（1）将机械记忆和理解记忆结合起来

很多学生花了大量时间和精力记忆英语单词，每天花很多时间比照词汇表进行背诵、默写。这属于机械记忆。我们并不反对机械记忆在单词学习过程中的重要作用，但单纯依靠机械记忆，势必会影响词汇学习的效果，费时低效。教师要注意转变学生的观念，引导学生根据读音规则、构词规律，或运用联想、对比以及归纳等方法，在理解的基础上学习记忆词汇，把机械记忆和理解记忆结合起来。

（2）培养学生词汇归纳和梳理能力

教师要引导学生及时地对单词进行整理和归纳。可以把刚学的生词和以前学过的单词按照读音规则、构词规律、习惯用法、语法特点，以及同义词、反义词等各种方式联系起来。从不同的角度进行整理、归纳和总结相互联系的词汇系统，逐步培养学生词汇归纳和梳理能力。特别注意熟词新义、一词多义，重视高考词汇中多义词的第三或第四个词义。

比如，item不仅表示"项目"，而且表示"条款"；cover除了表示"覆盖"以外，还表示"涉及""报道""足以支付"等；charge除了表示"负责""收费"以外，还表示"充电""冲锋"等。

（3）整理词块，记忆词块

单纯背单词是不够的，高考实际只涉及2000多个带有考点的单词，但是这些单词又辐射出1.5万个词块。只有背了这些词块，福建卷才有可能拿高分。词块具体讲主要是词组、短语、固定用法、固定句式、固定搭配，以及一些词组化的语法内容，如冠词、形容词、介词、分词这些内容都必须具体词组化才能考，语法书上只有模棱两可的几句话，整理成词块三四千个。还有就是从句涉及的一些要点和口诀。这些词块有完整的意义，可以直接运用于口笔头交际，能很好地提高英语交际能力。

（4）重视复习时间的合理分配

复习要及时。如果在学习以后的一个星期内能及时复习2~3次，能够保持记忆效果的95%。随着记忆的加深，复习时间间隔可以逐渐延长，后面的复习就会轻松很多。所以，教师应当提醒学生及时复习。

复习要分散。很多学生喜欢到考试前突击背单词，这种办法只能缓一时之急，并不可取。研究表明，分散复习比集中复习的效果好。复习的频度不能过密，否则容易造成大脑疲劳，极大地影响学习心情和学习效率。

复习词汇贵在坚持。教师要培养学生的这种坚持，最好的办法就是进行词汇检测。检测的办法有很多，每天进行词块听写虽然较低级，但是很有效。

2. 听力和口语：多听一会说

应把反复听、大声朗读、认真模仿作为促进学生听力、口语表达能力提升的主要途径之一。模仿、朗读、边听边读和背诵等都是语言学习的基本形式，许多名篇佳作等都蕴含了思想美、语言美、音韵美、节奏美以及气势美，这些都只能通过朗读、品味、模仿去感受。研究表明（丁言仁，2008），很多在演讲比赛中（如21世纪杯、CCTV杯）获奖的优胜选手，其共同的学习方法和经历就是诵读多位名人演讲稿，背诵大量优美文章，听和模仿英语广播或录音，观看和模仿英语电影和电视剧，记忆大量完整的语块（出现频率比较高的习语、短语、短句等）。

经典美文有《走遍美国》、《老友记》、奥巴马演讲等。

3. 阅读和写作：多读—会写

（1）重视英语词汇和习惯用法的积累

"To read well, you need a strong vocabulary. To build a strong vocabulary, you need to read well." 这句名言道出了阅读和词汇量的关系。要有流利的阅读，就必须有丰富的词汇，大量的阅读可以丰富你的词汇。

（2）牢固掌握语法知识

近年来的高考阅读理解短文的句式结构趋向复杂，语法知识在阅读中的作用已经凸显出来。如在阅读中遇到令人费解的长句、难句，就可以借助语法对句子进行适当的分析，搞清各部分的关系，从而准确理解整句的意思。以 "Decision-thinking is not unlike poker—it often matters not only what you think, but also what others think you think and what you think they think you think." 为例。该句的29个词中包含了主语从句、宾语从句、并列句和破折号连接的附加说明等多种关系。其中，并列句中又有复合句，复合句中又有并列句。只有把句子的成分一一厘清，才能掌握其意思。

（3）积累一定的文化背景知识和生活知识

英语阅读能力的提高不仅需要一定的语言知识，还要有一定的文化背景知识和生活知识。

（4）培养良好的阅读习惯，掌握有效的阅读技巧

阅读能力已经不再局限于一种特定的学科能力，而是将阅读与生活相联系，将阅读融入现实生活的各个层面，如娱乐、学习、工作等，为文学体验而阅读，为获取和使用信息而阅读。应引导学生扩大课外阅读量，增加文化背景知识。英语报纸、杂志、英语网站为师生提供了很好的资源，在阅读过程中，学生在更新知识的同时保持了对英语高度的学习热情。那么如何培养学生有效的阅读技巧呢？

把握福建英语高考阅读理解的走向，改进阅读理解应试策略。

阅读在高考试题中总词汇量最大，分值比重最高（5篇文章，20道题，共40分，占满分150分的26.7%）。根据近几年试题，总结出命题的三大特点：

（1）阅读总词汇量有上升的趋势，这就要求考生的阅读速度必须达到每分钟60个单词左右，建议考生在35分钟内完成五篇阅读。

（2）阅读理解文章多取材于欧美报纸杂志，更原汁原味、贴近生活实际，

内容多样。

　　阅读题中至少有一篇广告题材文章出现，主要内容是招聘、学习活动、音乐推荐、休闲生活等，考查学生解决现实生活问题的能力。同时，科普类说明文的重要性提高，内容主要涉及科技前沿、环境保护、开发新能源等。而且经典文学作品、名人生平轶事类文章作为阅读测试材料越来越受青睐。

　　（3）考查四大题型。一是主旨题，包括主要内容（main idea）、标题（title）和目的（purpose）三种小题型。二是释义题，包括词义题和句义题。三是细节题，它的考查范围是最广的，我认为在题干中出现了文章中具体内容的就是细节题，如人名、地名、时间、地点、具体事物、具体动作等。四是推断题。

　　建议采用阅读应试策略，即"一个中心""两个基本点""三个把握"。

　　①"一个中心"：以原文内容为中心。建议考生学会将题目关键词在原文中进行精确定位，正确答案就隐藏在这些关键词在原文中出现的地方。

　　②"两个基本点"：词汇+语法。建议广大考生把现行的高考大纲要求的3500个词作为目标词汇，在相对较短的时间内进行一轮轰炸式记忆，并适当进行一些长难句专项突破。

　　③"三个把握"：对文章题材和体裁的把握，对题干和选项的把握，以及对自己节奏和语感的把握。首先，建议结合高考中的常见和热门题材，有针对性地阅读文章，扩充背景知识。其次，现阶段考生还是要把大量的精力投入对历年高考真题的练习和研究中。最后，熟练掌握高考阅读理解的四大题型的答题方法和技巧，所有与题型练习有关的专项训练都必须来源于高考真题。

核心素养指导下的完形填空解题新思路

　　进入高三复习，如何在核心素养指导下高效备考是我们高三教师不断思考的问题。兵马未动粮草先行，作为教师，我们要先行。今天的话题围绕三个关键词：核心素养、语篇、完形填空，并以完形填空语篇分析为例来谈谈怎么落实核心素养，实现英语教学总目标。

一、英语教学总目标

首先，我们一起来关注国家教育理念和政策。立德树人的概念在党的十八大报告中首次提出，党的十九大进一步明确，落实立德树人根本任务，培养接班人。在教育部最新颁布的大纲中，英语课程的总目标是致力于培养具有"中国情怀、国际视野和跨文化沟通能力的社会主义建设者和接班人"。如何落实这个目标，这和我们每一位英语教师息息相关。

英语学科核心素养：语言能力、文化意识、思维品质和学习能力。

英语新课程内容的六要素：主题语境、语篇类型、文化素养、语言知识、语言能力、学习策略。

全面贯彻党的教育方针，落实立德树人根本任务，通过实施六要素构成的课程内容，进一步促进学生英语学科核心素养的发展，培养具有"中国情怀、国际视野和跨文化沟通能力的社会主义建设者和接班人"。

解读立德树人核心素养四个能力无非解决两件事：用英语做人和用英语做事。英语教学已经从教知识到培养能力到发展素养。

英语教师应该如何落实核心素养？语篇是一个抓手。

二、课程标准对语篇的要求

语篇：语篇是语言学习的主要载体。在语篇中接触、理解、学习和使用语言。语言学习不应以孤立的单词或句子为单位进行，而应以语篇为单位进行。

语篇衔接：在形式上的衔接（cohesion）和在语义上的连贯（coherence）。

语篇中的显性衔接和连贯手段，如：通过使用代词、连接词、省略句、替代等手段来实现的指代、连接、省略、替代等衔接关系；

语篇中的隐性衔接和连贯手段，如：在不使用but和however等连接性词语的情况下实现转折、对比等语义逻辑关系。

语篇类型：记叙文、说明文、应用文、议论文。

语篇的结构特征：宏观结构和微观结构。

三、完形填空——学科素养的综合体现

根据《普通高中英语课程标准（2017年版）》可知，发展学生的英语学

211

科核心素养是普通高中英语课程的具体目标。那么，英语高考必定会围绕这一目标考查考生的英语学科核心素养水平，而完形填空作为这一考查形式的载体，多年来一直是英语高考试题中必考题型之一。该题型旨在考查考生的综合理解能力和语言运用能力：①要求考生能够领悟一篇有空缺的语篇的大意，结合全文，推出"未知"内容，具有主观性测试和客观性测试的双重特点。②既可以在语篇中考查考生的英语基础知识，即语法、词汇知识；又可以考查考生运用所学语言知识的能力；还可以考查考生的英语文化背景知识；同时要求考生必须具备良好把握上下文行文逻辑和整个篇章结构的能力。这些能力都体现了英语学科核心素养。这就是为什么上海高考卷把完形填空归为阅读理解的原因。

（一）完形填空的命题规律

1. 基于格式塔心理学

基于格式塔心理学，又叫完形心理学，当看见不完整的事物时，人们往往根据脑子里对事物的完整概念，会在思想上把它补全。

2. 完形填空试题考点效度分析

低层次的题目，往往侧重考词汇、语法；高层次的题目，往往侧重考语篇意义。效度高的完形填空试题，应尽量提高层次，利用语篇语境的作用，发挥其综合特性。考点层次的高低对完形填空的效度有很大的影响。考点层次越高，完形填空的效度就越高。

3. 完形填空试题考点分布分析

（1）题材和体裁多元化，坚持"正能量"的持续传递。很多高考完形填空的文章都是励志小品文，这些"心灵鸡汤"传达了积极向上的精神，体现了高考英语完形填空文章弘扬"真善美"的永恒主题，传达了高考"立德树人"的选拔标准。2018年全国Ⅰ卷完形填空通过讲述作者学习国际象棋的经历，传递了很多人生的哲理；全国Ⅱ卷完形填空通过"父巧救子"的故事传递了正能量；全国Ⅲ卷完形填空体现了人文情怀。这些材料的使用有助于培养考生的良好思维品质。

（2）虚词考查连续两年退出，完形填空试题突出词汇语境化。绝大部分挖空处的设计越来越有规律，挖空处一般是为了综合考查考生的理解能力、分析问题以及解决问题的能力。完形填空试题注重上下文或整个篇章的理解，避免纯语法考查。2019年、2018年及2017年的完形填空答案部分全部为实词。

4. 完形填空试题考题设置分析

选项平均分布为5A、5B、5C、5D。

命题间隔≥5。

汉语注释≤3，且非话题词汇。

以实词为主，动词短语和低频词是难点。

一句一词为主，出现一句三词难度较大。

题型分句子层面、句组层面和语篇层面，以句子层面和段落层面题为主，以语篇层面题为辅。需要通过上下文联系，进行信息甄别、归纳与推理得出答案的选项成为近几年全国卷英语完形填空命题的常态。考生必须基于语篇知识，尤其是记叙文的语篇知识进行信息的筛选、整合与推断，选项涉及信息的综合性和复杂性增强，凸显了对考生思维品质的考查。从考查方式上来看，以前后文的顺承关系和因果关系为主，结合其他考查方式（词汇照应/复现、固定搭配等）。常识推理及熟词生义也穿插其中。2018年全国Ⅰ卷的第42、43、44、47、53、56题需要从整体上把握信息，认真推敲。完形填空题错误的主要原因：没有宏观意识和全局观念，忽视语篇的情感效应；不能把握句与句之间的逻辑关系；不能正确把握文章主旨大意；就题答题，忽视语境关系；没有掌握熟词生义和一词多义。建议要树立主题意识、语篇意识、语境意识和语用意识。

（二）完形填空的备考策略

1. 基本原则

有整体意识，突出语篇，努力达到单句理解和语篇理解的统一。

2. 重点关注首句和尾句

重点关注文章的第一句和文章的结束句。首句通常不设空，这就为窥视文章全貌提供了一个宝贵的窗口。尾句往往是文章的总结，是点睛升华之笔。

3. 用微技能解题

要养成一个良好的做题习惯，就需要一定的强行训练。先阅读文章大意，接着运用微技能解题。完形填空中任何一题的答案，在文中必有依据。

行为心理学研究发现，人要形成一个习惯，需要经过三个阶段：

第一阶段持续1～7天，此阶段的特征是"刻意，不自然"。学生需要家长或老师的刻意提醒，而且他们会觉得有些不自然，不舒服。

第二阶段持续7～21天，特征是"刻意，自然"。学生已经觉得比较自然、舒服，但是一不留意，学生还会回到从前，因此，家长或老师还需要刻意提醒学生。

第三阶段需要21～90天，特征是"不经意，自然"，其实这就是习惯，这一阶段被称为"习惯的稳定期"。

四、完形填空的语篇分析

（1）基于语篇的分析（词汇、语法、固定搭配、生活背景）。

（2）深入语篇的分析（语篇结构、逻辑联系）。

（3）超越语篇的分析（概要写作、读后续写、讨论、话题辩论、三观引导）。

（一）叙事结构的分析

1. 抓事件线与情感线

题材、体裁的分析：近几年江苏高考阅读文章以记叙文为主，但无论是记叙文、夹叙夹议还是说明文，篇章结构都有非常清晰的主题线。其中，事件线与情感线是最常见的。2016年江苏完形填空讲述了作者生命中的一次重要谈话，而这次谈话直接影响了作者一生的故事。文中题目的设空考查点集中在动词词块。也正是动词推动了故事情节的发展，表现了作者心理态度转变的过程。2017年江苏完形填空讲述了主人公从痛恨音乐到爱上音乐的故事。表达情感的形容词及其带动的动词词块，成为情感变化线的主要构成。2013—2017年高考完形填空话题，都是积极向上的励志鸡汤文。事件线与情感线的感悟训练，是夺分的关键。

语篇是按照一定的思维模式组织起来的。语篇的内容决定了语篇的结构。就语篇的结构而言，常见的有议论结构、描写结构、说明结构和叙事结构等。江苏卷的完形填空，是相对固定的。

2013—2017年江苏高考完形填空分析见下表：

年份	2013年	2014年	2015年	2016年	2017年
体裁	记叙文	记叙文	记叙文	记叙文	记叙文
题材	作者对"美国梦"的重新认识	一个男孩通过演讲获得自信的故事	身患癌症后，作者重拾继续写作的信心和勇气	作者与他人的谈话影响了其一生的故事	Gabriel从不喜欢音乐到喜欢音乐的故事

　　江苏省完形填空体裁上以记叙文为主，题材上以人物故事、教育、人文为主，但也偶尔涉及其他话题。纵观2013—2017年高考完形填空试题，我们可以发现语篇结构清晰，脉络分明，故事情节完整。可概括为以下几点：①考生应掌握不同话题和图式结构的短文，积累做完形填空题的感觉和经验。②语境情景意义选择为主，词法选择为辅。

　　叙事结构的分析，此处采用拉波夫分析模式：点题（对故事简要概括）—指向（介绍环境背景）—进展（事件发展）—评议（各种形式，渗透整个叙事结构）—结果或结局—回应（接应主题，首尾呼应）。

2. 从篇章词汇衔接、连句手段来分析

　　一直有教师问，如何根据篇章层面具体分析试卷。我一直的观点是，教师先行，在教学中以语篇意识为基础进行文本解读或者试题分析。篇章最终应该渗透于学生的学习。完形填空、七选五阅读理解以及任务型阅读都非常清晰地体现了对语篇的考查。如果学生在日常阅读中能够形成语篇意识，完形填空拿高分是可以实现的。

　　词汇衔接分为两大类：复现关系和同现关系。词汇的复现可以分为：原词复现、同义词近义词复现、上下义词（如animal, dog）复现、概括词（一般意义，people, place, thing等）复现。

　　词汇同现关系指的是词汇共同出现倾向性，在语篇中围绕着一定的话题，一定的词就往往会同时出现，而其他一些词就不太可能出现，或者根本不出现。词汇的同现关系，包括反义关系（good, bad）、互补关系(man, woman)、序列（春、夏、秋、冬）、词汇链（如寄信、汇款、打电报、挂号信等），这些都是同现关系的体现。

　　除复现同现关系外，逻辑联系语也不可忽视。逻辑联系语指的是表示各种逻辑意义的连句手段。逻辑联系语的功能是表示两个或更多的句子之间的某种逻辑关系，并指出句子是在什么意义上相互联系起来的。逻辑联系语还可用来表明语篇中各个组成部分之间语义上的联系。逻辑联系语可以由以下三类语言单位充当：

　　（1）词（包括连词和副词），如and, but, for, then, yet, anyway等；

　　（2）短语，如in addition, as a result, on the contrary, in other words等；

　　（3）句（包括非限定分句和限定分句），如considering all that, to

conclude，all things considered，that is to say，what is more等。

韩礼德和哈桑在讨论逻辑联系语时，按语义将其划分为四类：增补、转折、原因、时间。其中，增补这一大类，又分为增补、否定、选择、说明、示范、相似、澄清等类。这些，都是完形填空的考查点，值得归纳总结。

同现关系、复现关系以及逻辑联系语在完形填空中表现得尤为明显，如果教师在平日的教学中只抓语言点、词组区别教学，进行碎片化的记忆或题目训练，而不能基于语篇的角度分析文章，是无法有效应对完形填空的。

3. 词间、句间和段间

高考英语实质考查建构"结构—意义"的语言思维。语言结构中包含句子结构（完整性、语法性、一致性）和篇章结构（突出强调句间的衔接）。语言意义包含句子意义逻辑性和篇章意义连贯性。体现在完形填空中，为词间、句间和段间。一个题目的补全会涉及词间和句间的多种关系，需要整体把握，切不可割裂来做。具体讲，词间即关注句内词汇间的联系，复指、回指、同义、近义、替代都是解题的关注点。句间，常见的有并列关系、因果关系、递进关系、转折关系和相互解释关系。段间，需要积累语篇模式。高中阶段完形填空的篇章模式基本上是叙事性、议论性和说明性。具体为：①叙事体模式，点题—指向—进展—结局—回应。②主张—反主张模式，常用在辩论文章中。③问题—解决模式，常用于科学性、学术性说明文中。江苏卷以记叙文和夹叙夹议文居多，教师应该引导学生进行语篇模式的分析，完成图式积累。语篇知识和语篇策略的缺失会影响高中英语完形填空教学的整体效果。

课例：

Step 1: correction纠错

统计考试题得失分情况，具体错题集中在哪几个题，请作答正确的同学讲解，帮助其他同学。

Step 2: deal with the given words (pair work)

Step 3: 引导学生深度解读文本

Q: What's the writing style of the text?

narrative记叙文

What's the best title of the text? Gift of Love.

What's the main idea of the text?

Susan has been blind as the result of an accident, But her husband makes every effort to help and accompanies her. Finally, she regains courage for life because of the gift of love, which can bring light where there is darkness.

What words can you think of in terms of Susan's husband?

caring/ considerate/ responsible/ devoted/ fine-looking/gentle...

How do you understand the sentence "her eyes filled with tears of gratitude"?

独立主格结构（Absolute Construction）由两部分组成，前一部分是名词或者代词，后一部分是非谓语动词（不定式、现在分词、过去分词）、形容词、副词、名词或介词短语。前后两部分具有逻辑主谓关系。独立主格结构在句中作状语，多用于书面语。独立主格结构本身不是句子，在句子中作状语，表时间、原因、条件、伴随、目的及状态等。

Weather permitting, we shall go there on foot.

All the children went home happily, their homework finished.

"独立主格结构"考点会在短文改错或语法填空中出现，作文中运用此结构会增分。

Before she left, she hugged her husband tightly, and her eyes was filled with tears of gratitude/ with her eyes filled with tears of gratitude.

Q: What's the function of the word "curious" in the sentence "Miss, I sure envy you." *Curious*, Susan asked the driver why?

形容词作伴随状语，考点会在短文改错或语法填空中出现。

The old goat rolled over, dead.

The missing boys returned, safe and sound.

Q: Please analyze the following sentence "That is the gift of love that/ which can bring light where there is darkness".

A: 这就是爱的礼物,可以给黑暗的地方带来光明。where引导状语从句。

Step 4: Reading

Read aloud with the correct answers.

Step 5: Practice

(Group Work)

Step 6: Discussion and write a composition within 100 words

If your loved one had the same case as Susan, what would you do? Why?

五、结论

在阅读的过程中，一切的学习活动——对语法、词汇、句子的学习，快速阅读，细节理解，文章结构的学习等，都应为学生理解文章的主旨和作者的意图服务。这样的学习方式才能使学生的认知升级，才能有效发展学生的英语学科素养。准确地说，课堂上的学习活动都应为学生加深对主题意义的认识服务，包括课堂引入、词汇语法学习、问题识别、文本内容评价等。

培养问题意识，引导深度学习。问题意识是人们产生疑问和困惑时努力寻找答案的心理状态，这种状态促使人们进行主动学习和探索。恰当的问题能够引导学习走向深入，提升学生思维能力的养成和综合能力的提升。

总之，引导学生对文本深度阅读不是把学生训练成考试的机器，而是把学生培养成会学习、有情感、善思维的人。

冲刺阶段完形填空的增分策略

完形填空是高考必考题型，不仅占整份试卷分值的1/5，而且是集阅读理解、语法填空和单项选择于一体的题型。因此，做好完形填空是取得高分的保证。然而，该题型是大家一直以来的心头之痛，全省范围失分率较高。究其原因主要是缺乏篇章意识，忽视语篇线索和语篇衔接，以及欠缺词汇精准定位的能力。

下面我将从以下四个方面来分析如何突破完形填空的瓶颈进行高效备考。

一、高考完形填空的命题思路

我们都知道打败敌人最好的办法就是了解敌人，做到知己知彼才能百战不殆。

那么什么是完形填空？完形填空即在一篇250~300词的完整的文章中挖20个空，每个空格有四个同类选项，通过辨析选择最符合上下文的选项。

完形填空考查语篇建构能力、逻辑思维能力、语言概括能力，要求学生推理、分析和判断；同时考查语言的精准性，要求学生在一定的语言情景之下运用所学词汇进行词义判断以及词义辨析——遣词造句。

所选语篇主题明确、层次分明、结构严谨。

体裁主要以记叙文为主，也有说明文、议论文，虽然概率低，看起来有点难，但逻辑性较强，解题套路清晰。

命题趋势：高考完形填空近几年不断变化，趋势是词汇量和难度有所提升，特别是2019年，考查方式由句子层面转向语篇层面，增加了主旨类题目，对学生的篇章理解能力提出更高的要求。完形填空试题的选文已经突破了单一的叙述文体例，如2019年高考完形填空集记叙文、说明文、议论文于一体。

二、高考完形填空的解题原理

（1）高考完形填空的命题是基于格式塔心理学理论，认为当看见不完整的事物时，人们根据脑子里对事物的完整概念，会在思想上把它补全，即补全心理。

（2）补全=还原，一个中心。

因此，我们要做的就是还原的工作，如何还原就要靠线索，就像做数学题，没有已知条件是得不出正确答案的。完形填空的每一个答案都能从文本中找到依据。完形填空解题不靠你的常识、你的主观意识，要靠上下文语境，这就是为什么完形填空不错则已，一错错一串。记住，要从已知推出未知，已知就是线索，线索就是答案，答案就是分数，关键在于你有没有找到线索。1000个读者的心中有1000个哈姆雷特，而我们要做的却是还原成莎翁心中的哈姆雷特。所以，我们不仅要有命题者的高度，还要有作者的意识，把自己带进真实的情景还原语篇。

三、高考完形填空思维训练

把握语篇线索的前提就是要把握不同语篇的文体结构。完形填空语篇主题明确、层次分明。无论是记叙文、说明文还是议论文，篇章结构都有非常清晰的主题线。记叙文起承转合，说明文总分或总分总结构，议论文先立论再论证最后做结论。

1. 找线索

接下来，我们以2017年全国Ⅰ卷完形填空——"我在大学学手语"为例进行分析。

情节线：点题（背景）。

开端：no need to learn.

发展：watch the ASL Club performance.

高潮：register for an ASL class.

结果：appreciate the silence.

情感线：no urge-interest me-want more-explore further-excited-appreciate.

2013—2017年高考完形填空，都是积极向上的励志鸡汤文，情节线与情感线的感悟训练，是夺分关键。

2. 找衔接：词汇复现+词汇同现+逻辑衔接

（1）词汇复现：可以分为原词、同义词、近义词、上下义词（如animal：dog；fruit：banana，apple，strawberry）、概括词（一般意义，people, place, thing等）复现。

（2）词汇同现：物理学中有磁场、电场、重力场，语言也有词场，词场指的是在语篇中围绕着一定的话题，共同倾向性词汇往往会同时出现。词汇同现指共同话题词汇链，如ill，hospital，patient，operation，medicine等一系列相互关联的词语的同时出现，也包含有反义（good, bad）、互补关系 (man, woman)、序列、（春、夏、秋、冬）的词同时出现。

（3）逻辑衔接：通过分析句子与句子之间的逻辑关系，推断出正确选项。常见的逻辑关系包括因果、并列、转折、让步、解释、顺序、递进、条件、目的等。

四、备考建议 词汇语块+限时训练是王道

1. 词汇学习是王道：辨析词汇，积累语块

（1）一网打尽选项中的陌生词。

（2）牢记常考短语。

（3）关注一词多义、熟词新义，如形变动、名变动、动变名、隐喻等。

例句赏析：

The play is an ideal vehicle for her talents.

He was flooded with joy when his first child was born.

Tears welled up in her eyes.

I looked at the telephone, willing it to ring.

Telephone calls came flooding in from all over the country.

He said if he quit the job, he would lose the drive to work and succeed.

He turned up at the hospital, bearing gifts for the new mother and baby.

Immediate action should be taken to better the environment.

He was consumed with guilt.

Study groups and class projects are examples of positive peer groups that encourage people to better themselves.

The imagination of the writer seem to have dried up.

Our exhibits will feed your mind.

Clean the fish and season it with your choice of spices.

The music of the time mirrored the feeling of optimism in the country.

Who is chairing the meeting.

① 一词多义词

apply, cover, draw, credit, promise, account, charge, course, bear, screen, employ, observe, claim, address, matter, count, present, fair, land, kill

② 高频短语

pick up, pull up, pay off, catch on, live up, to check in/out, work out, call for, call on, jump at, give in to, be close to

③ 构词法

④ 拼缀法

⑤ 合成词

form, webinar, netizen, breathtaking, weather-beaten, eye-catching, mouthwatering, self-isolated, highlight, outline, deadline, outlook

⑥ 新增课程标准词

动词：suspend, launch, release, feature, log, label, engage

形容词：adorable, ambitious, significant, humble, remarkable, individual, comprehensive

副词：absolutely, apparently, consequently, frequently, definitely, literally, ultimately

2. 限时训练：五年高考真题共67篇完形填空

集中训练，每次4~5篇，每篇10~15分钟；学生每次训练前，思考命题思路和解题策略；训练后，立即核对答案、查词典辨词义并做积累，总结反思。优等生们加大难度做无选项练习，坚持训练，完形填空的能力就会有所提高。

五、总结

感知命题意图，体会作者意思，把握两条线索、三个衔接，用词汇和训练保驾护航。

精准备考　增效提分

随着高考临近，教师和学生都面临着备考的紧迫压力。如何在这关键时期帮助学生提高效率、提升分数是我们共同关心的问题。本文将从背景、问题、对策和落实四个方面进行探讨，以期为高考英语备考提供有益的指导和建议。

一、新高考、新课程标准

启示与创新：新课程标准的实施，强调了英语学科核心素养的培养，包括知识、能力、思维和文化四个维度。

重视语篇、思维和文化：近两年高考试题凸显了阅读和写作的重要性，强调了美育和劳动教育的融合。

创新题型：除了传统的题型，新增了读后续写、应用文等题型，形式从单一的写信过渡到说明文、议论文和记叙文的结合。

二、学情分析

通过对学生的观察和分析，我们发现学生普遍存在以下问题：

（1）词汇量不足：学生在词汇积累方面存在欠缺，影响了阅读理解和写作表达。

（2）做题速度慢：缺乏高效的解题技巧，导致答题时间紧张。

（3）篇章意识不强：缺乏对文章整体结构和主旨的把握。

（4）信息提取能力弱：难以快速准确地从文本中提取关键信息。

（5）写作废话多、书写潦草：写作时缺乏条理，书写不规范。

1. 策略、动机和信心

策略：学生不需要题海战术，而是需要掌握有效的学习策略。

动机：激发学生的学习动机，帮助他们建立自信。

信心：通过发现自己的问题并解决问题，体验成功的喜悦。

2. 核心能力

读写能力：强化学生的语篇意识、逻辑思维和写作能力。

三、教师任务

教师在备考过程中扮演着至关重要的角色。他们需要从专业的角度出发，为学生提供精神和行动上的支持。

1. 精神支持

教师需要传达给学生信心和动力，让他们相信通过努力可以达到最佳效果。

2. 专业行动

（1）研究命题规律：通过重复练习高考真题和研究历年试卷，找出共性和趋势。

（2）解题策略：教授学生why、what、how的解题框架。

（3）语篇解读：培养学生的语篇意识，从宏观和微观两个层面进行分析。

3. 教学策略

宏观结构：包括体裁分析和篇章模式分析。

微观结构：主要关注衔接与连贯。

4.具体实施

词汇关：加强词汇学习，特别是一词多义、熟词生义。

阅读训练：针对不同体裁的文章进行专项训练。

完形填空与语法填空：练习高考真题，提高语言运用能力。

应用文与读后续写：教授技巧，如细节添加、动作描写等。

四、具体落实

备考的最后阶段，准备工作至关重要。

1.语料准备

自助：提供丰富的语料库，以真题为主。

词汇关：加强对3500个核心词汇的学习，注意一词多义和熟词生义。

2.阅读训练

议论文、说明文专项训练：提升学生分析不同体裁文章的能力。

七选五：练习记叙文、议论文等不同类型的文章。

3.模拟试题

选取即将使用的模拟试题，供学生练习。

4.模拟考试

全面深入研究：教师对高考题进行全面研究，列出考查内容细目表。

模拟考试：通过模拟考试帮助学生分析失分点，找到问题，提高综合能力。

5.冲刺阶段

高考备考是一个系统性工程，需要教师、学生和家长的共同努力。通过精准的备考策略，我们可以有效地帮助学生提高学习效率，提升考试成绩。教师的专业指导、学生的学习策略和家长的支持，是高考成功的关键因素。希望通过我们的共同努力，为学生铺就通往成功的道路。